典藏版 鐵道新旅

Taiwan Railways 5 宜蘭線

宜蘭線—26站全覽

⬆ 莒光號列車蜿蜒行駛於青翠的雙溪川縱谷。 攝影／古庭維

walkers 遠足文化 Walkers Cultural

鐵道新旅
Taiwan Railways

CONTENTS

台灣鐵路
宜蘭線路線圖
鐵路
高鐵
N
全島位置對照圖
基隆
三坑
七堵
五堵
汐科
汐止
百福
八堵
暖暖
四腳亭
海科館
瑞芳
猴硐
三貂嶺
大華
十分
望古
嶺腳
平溪
菁桐
牡丹
雙溪
雙溪
貢寮
福隆
石城
大里
大溪

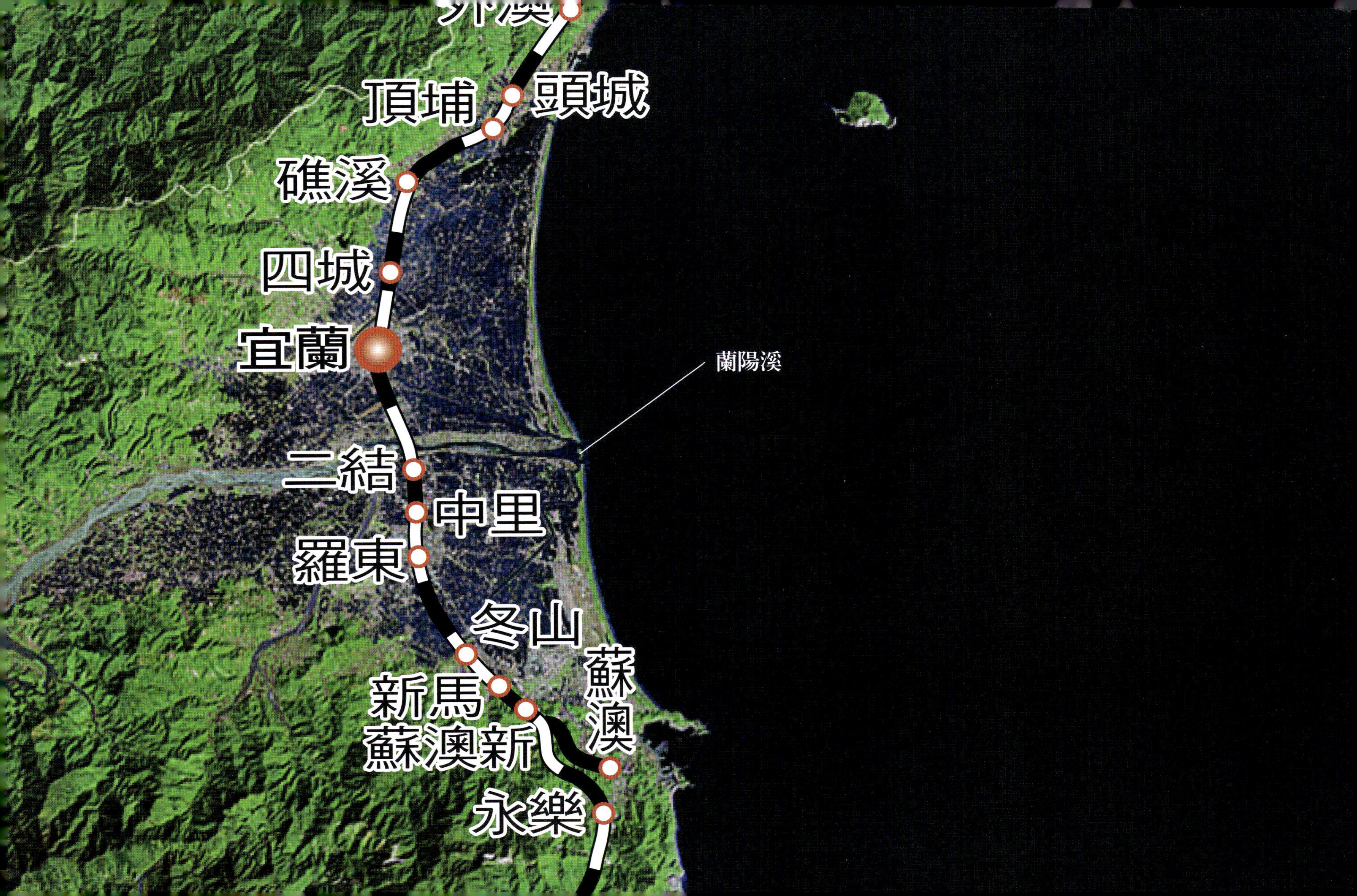
頂埔
頭城
礁溪
四城
宜蘭
蘭陽溪
二結
中里
羅東
冬山
蘇澳
新馬
蘇澳新
永樂

宜蘭線・現役車輛

文／柯凱仁、籃一昌

宜蘭線（八堵＝蘇澳）為進入台灣東部的門戶，一路沿著基隆河蜿蜒邁進，通往福隆一帶比鄰美麗的太平洋，再至廣大的蘭陽平原。作為連接台灣東西部主要交通大動脈的宜蘭線，在雪山隧道完工、北宜高速公路通車後，帶來了全新的衝擊，也引起了是否興建北宜直鐵的爭論議題。無論如何，現有宜蘭線鐵路依舊是環島鐵路網上不可或缺的角色，就讓我們一起欣賞、奔馳在宜蘭線上的各式列車吧！

↑花東新勢力——普悠瑪號奔馳在賞鳥勝地田寮洋。 籃一昌／攝影

自強號

翻開台鐵二〇一四年七月十六日改點的時刻表，琳瑯滿目的普悠瑪號（TEMU2000型傾斜式電聯車）已大舉攻佔東部幹線的主要地位，宜蘭線也處處能見到她的芳蹤；反而是第一代傾斜式列車，也就是太魯閣號（TEMU1000型傾斜式電聯車），由於編組數量關係，僅有少量班次擔綱跨線列車。

除了招牌的傾斜式列車以外，還有以下這些曾經也是賣座的車種：一度在二〇一三年改點時消失，然後又在宜蘭線復出的DR2800型柴聯車、大部分已經被普悠瑪取代的DR2900、DR3000型柴聯車、二〇一四年七月改點後淡出宜蘭線的DR3100型柴聯車，以及目前仍擔任部份長程跨線班次的推拉式自強號（PP）。

莒光號

宜蘭線的莒光號，曾經也是台鐵的招牌列車之一，但在台鐵近年加速淘汰摺疊門莒光號與簡化車種的政策下，現在每天僅存不到十

基隆河畔的EMU400型電聯車，在宜蘭線上已是稀客。 林韋帆／攝影

蜿蜒前進的DR2800型柴聯自強號。 藍一昌／攝影

午後暖陽下緩緩前進的莒光號。 古庭維／攝影

對班次往返，其中自動門編組與摺疊門編組約各佔一半的比例。

復興號

復興號曾經也是許多旅客的便宜選擇，但自從通車至今，在宜蘭線上運轉的班次不多。在花東電氣化通車之前，台鐵曾經行駛過樹林＝台東的直達優惠復興號，但現在也已經停駛。目前還在宜蘭線上運轉的復興號，最主要是為了疏運大批從花蓮北上宜蘭的團體旅客，也就是說，要看到水藍色車廂奔馳的身影，只能在宜蘭以南看得到了。

區間（快）車

宜蘭線上的區間車，大多由EMU500型電聯車擔綱，偶爾也有少部分的區間車班次則是由EMU400～700型電聯車擔任。至於二〇一四年剛上路的新型EMU800型電聯車，也在宜蘭線上出現它的蹤影，行駛樹林＝花蓮間區間快車一往返。另外，往返深澳線、平溪線間的DRC1000型柴油客車，也會在八堵＝三貂嶺間短暫出現。

宜蘭線・特殊列車

文／圖 交通大學鐵道研究會

⬆ 6502 次電頭牽引的軍運列車，向花蓮挺進！ 籃一昌／攝影

⬅ 因應基隆市黃色小鴨活動，特別請出 EMU100 型元老級自強號列車載客。正式上場前先來宜蘭線進行試運轉。林韋帆／攝影

DHL100 型柴液機車 +DRC1000 型柴油客車前往花蓮進行檢修。 籃一昌／攝影

PP 機車 + 車廂 + 電力機車試運轉。林韋帆／攝影

⬆ 俗稱白鐵仔的 DR2700 型柴油客車，因活動關係迴送，難得出現在北部地區。 林韋帆／攝影

⬅ 短編復興車廂試運轉。 林韋帆／攝影

⬇ 7555 次貨運列車掛載貨櫃。 籃一昌／攝影

7527 次長編水泥列車。 籃一昌／攝影

宜蘭線
各站停車

文 李春政

集平地原野山河海景於一身的宜蘭線。
攝影／李春政

全長九三．六公里的宜蘭線，是一段引人入勝的驚奇旅程，除了山、河、海景目不暇給，沿途每一個車站、聚落，都有耐人尋味的故事！從八堵出發沿著基隆河溯源上行，一路鑽山渡河，經過昔日的煤礦遺跡；過了草嶺隧道後，視野豁然開朗，太平洋及龜山島的無敵海景一路相伴；到了頭城進入蘭陽平原，悠然壯闊的田園景致讓人心曠神怡，也有豐富的人文景觀適合尋幽訪勝；到了旅程終點蘇澳，除了羊羹及冷泉，更有豐沛的漁港文化讓人流連。短短宜蘭線，集人文歷史及山河海景於一身，好戲連台、站站精彩，隨時出發，都能滿載而歸！

一不留意就會錯過的暖暖站。 攝影／古庭維

八堵＝瑞芳

八堵是縱貫線與宜蘭線的分歧站，歷史早於宜蘭線許久，在縱貫線還沒全通時的一九二〇年年就已設站。一九一九年「瑞芳線」先通車時，八堵站就開始肩負分歧站以及接駁角色，在宜蘭線未電氣化前，往東線的列車如果本是電力機車牽引，還必須在此更換為柴電機車頭，後來宜蘭線電氣化完成，加上負有始發站功能的七堵站崛起，八堵站才逐漸式微，轉變為通過站的性質。一九九四年，為紀念二二八事件中罹難的十七名台鐵八堵站人員，車站北側立起了「二二八事件罹難員工紀念碑」，從月台上就能看見。

從八堵出發的宜蘭線列車，從台五線的陸橋下穿過，與縱貫線分道揚鑣，沿基隆河岸前行，不一會兒第一個停靠站暖暖就到了。暖暖是基隆河中游最早開發的泉州人聚落，曾經是清末基隆河港運輸的重要口岸，有過一度繁榮。原本的木造站房早在一九九四年就拆除，也沒有新建，徒留兩座長長的月台及人

八堵站外的二二八紀念碑。 攝影／古庭維

曾是重要煤礦輸出站的四腳亭。 攝影／古庭維

路線一高一低的深澳隧道。 攝影／李春政

行天橋，只有區間車停靠，一不留意就會錯過，如果下車逛逛，站外基隆河谷的壺穴景觀值得一看。

離開暖暖站後鐵路渡河至基隆河右岸，很快來到了四腳亭站。四腳亭是當年因開採煤礦而形成的聚落，但隨產業變遷已然沒落，車站隱身於狹窄的街道之中，業務冷清，站外街景淳樸卻蕭索，昔日採煤盛景已難想像，卻挺適合隨性晃蕩。火車出站往南，也早已不走當年沿基隆河右岸的舊路，而是直截了當的直接跨過基隆河，緊接著穿過四腳亭第一及第二隧道，才又回到基隆河邊。從右側車窗看去，基隆河的對岸有許多貨櫃場，因基隆港的腹地較小，貨櫃場只好往較外圍的五堵、瑞芳等地區設置，火車再過了上下行線分開、攝影取景廣受歡迎的「深澳隧道」後，馬上從台六十一線快速公路的引道下鑽過，並從左側匯入一條鐵路，就是在二〇一四年元月九日復駛的，通往海科館的深澳線，開始緩緩減速進入瑞芳站。

俯瞰瑞芳站。 攝影／古庭維

瑞芳—侯(猴)硐

瑞芳是宜蘭線的頭一個大站，也是因礦業而發達的聚落，在宜蘭線一九二四年全線通車前，一九一九年五月五日「瑞芳線」就率先通車，並以「瑞芳驛」為終點，站內人行地下道的設計在當時還很罕見，是屬一屬二的現代化設施。但當年瑞芳的鬧區是在現在的後站方面，一九三八年都市計畫後，前站的市街規模才逐漸形成，也新建了新車站於現址。如今礦業雖已沒落，但作為礦業遺產的平溪、九份及金瓜石卻廣受遊客歡迎，觀光話題方興未艾。瑞芳站除了是旅客前往平溪線及深澳線的換車站，站前的「路」也是前往九份、金瓜石旅遊的客運轉運站，在瑞芳下車可以充分感受到喜樂洋溢的旅遊氛圍，甚至還有志工提供日文導覽服務，展現十足的歡迎誠意。

火車離開瑞芳後與「柑坪路」並行，迅速的通過雙線的龍潭隧道，從左側車窗也可以瞥見單線時期的「第一瑞芳隧道」洞口，這座一九一九年四月落成的舊隧道老而彌堅，並發揮「剩餘價值」作為民眾通行便道。過了「瑞芳隧道」後，火車通過上下行線分開的第二基隆河橋，左側窗外不遠則是著名的「員山子分洪隧道」起點。接著火車進入雙軌的「福住隧道」，同時在隧道外側的基隆河畔，還留有福住隧道的前身，也就是宜蘭線單線時期的員山一號、員山二號及員山三號等三座隧道遺構，此處原是鮮為人知的秘境，目前已闢為自行車道對外開放，遊客可從猴硐下車後沿著鐵路旁的單車道回頭尋訪。而在猴硐站北側，原本石砌的「猴硐隧道」於鐵軌撤除後已鋪上柏油，可讓汽車通行，北側洞口還保有戒嚴時期設置的衛哨崗亭。火車經過一旁取而代之的「示德隧道」後，來到猴硐站。

第二基隆河橋的河谷風光。 攝影／古庭維

⬆ 仍有幾分寂靜的猴硐老街。 攝影／李春政

⬅ 接連的三座隧道被稱為「三ㄟ磅空」。 攝影／古庭維

⬇ 宜蘭線鐵道旁的瑞三本鑛坑口。 攝影／李春政

候(猴)硐＝三貂嶺

來到猴硐，眼光馬上被車站外那幢黑壓壓的「整煤廠」廢墟所吸引，「產煤裕國 瑞三鑛業」的醒目標語，瞬間將我們帶回過往的「黑金」歲月當中。

「黑金」指的是煤炭，從日本時代「基隆炭鑛株式會社」到國民政府時期的「瑞三鑛業公司」，猴硐的煤礦開採於一九六〇年代達到頂峰，居全台灣之冠。但到了一九八〇年代煤業逐漸蕭條，於一九九〇年停採，廠房設備空留迄今，供人憑弔，成為全台最完整的煤礦設施遺跡，目前已規劃為煤礦博物園區供遊人參觀。

車站外的整煤廠及運煤橋最具代表，當年各礦坑所出的煤都用輕便軌道運送至此洗選分級，再以台鐵轉運各地。車站前的柴寮路是猴硐的「老街」，兩家外觀不起眼的麵店有著地道的鄉村古早味，已經成了口耳相傳的「猴硐名物」。信步在猴硐晃蕩，隨處可見鑛業遺跡，柴寮路老街向南可見「機關車庫」及礦工宿舍，穿過鐵道下方就是「瑞三本鑛」，石砌的洞口加上金色的題

右側即已整建為自行車道的員山隧道群。 攝影／李春政

字，雖已斑駁卻氣勢不凡。除了鑛業遺產，近年猴硐更以貓村遠近馳名，成為旅遊新亮點，貓咪的千姿百態讓貓迷們流連忘返。

火車離開猴硐，挨著基隆河谷前往三貂嶺，河床上亂石遍布、流水湍急，河床逐漸變窄，也常見到釣客在此駐足。河對岸的猴三公路與鐵路平行，是欣賞河谷鐵道的絕佳視角。

在猴硐的月台上，即可看見「產煤裕國瑞三鑛業公司」的醒目標語。 攝影／李春政

以貓、煤炭、礦坑為設計主題的猴硐站天橋。
攝影／古庭維

即將抵達猴硐站的貨物列車。 攝影／李春政

從配角成為主角的流浪貓群。 攝影／古庭維

香雜貨店

三貂嶺＝雙溪

三貂嶺站是宜蘭線與平溪線的分歧點，倚山面河而建，非常侷促，是全台唯一無法開車抵達站前的台鐵車站，堪稱祕境站。原本在第一月台上有座荒廢的號誌樓，具有歷史意義，可惜已遭拆除。今天進入出平溪線的火車，在三貂嶺要交接路牌，則成了月台上有趣的鐵道風景。走出車站正門，對面山壁可見到舊宜蘭線的三爪子隧道西口遺跡，三角形的山牆上「至誠動天地」的草書題字也還清晰可見。

離開三貂嶺，宜蘭線與平溪線分開，左彎跨過基隆河進入三貂嶺隧道，平溪線則隨基隆河繼續往上游而去。出了隧道後不久，火車來到了牡丹站。

牡丹站是個建在彎道及坡道上的車站，因正線坡度過大，過去列車要停靠時必須折返進入水平站場，至今還留有些許的軌道痕跡。「牡丹」的由來跟牡丹花沒有關係，而是因早年武丹坑煤礦形成聚落而設站，如今已降等為不派站員的招呼站，只有區間車會停，有份遠離塵囂的恬靜情調。從牡丹到雙溪間的鐵道是一路下坡，反過來從雙溪北上就是爬坡，為減緩坡度使火車爬坡順利，這段路線採取「盤山展線」的S形設計，但坡度仍超過千分之十六，貨物列車多半爬不上去，需要在車尾加掛補機協助，雙溪站內就有一輛電力機車隨時待命。下行的火車則一路下溜，過了上下行線分開的五份隧道後抵達雙溪站。

舊三瓜子隧道北口「至誠動天地」題字。 攝影／古庭維

三貂嶺的地勢險峻。 攝影／李春政

因早年武丹坑煤礦形成聚落而設立的車站。 攝影／古庭維

牡丹附近小兒美的梯田景觀。 攝影／古庭維

牡丹站的月台呈現S形。 攝影／李春政

雙溪＝福隆

雙溪站原名頂雙溪，因牡丹溪和坪林溪在此交會成雙溪河而得名，也是因煤礦開採而熱鬧的聚落，因車站站場高於地面，旅客下車後必須走過地下道出站。雙溪曾是淡蘭古道的樞紐，在還沒有鐵路的古早年代，從宜蘭到台北需時二天一夜，旅人中途的投宿地點就在頂雙溪，如今雖已不見老客棧的蹤影，但街上仍有老中藥舖、打鐵舖、教堂、廟宇、古厝⋯等具有歷史刻痕的店舖或建築，供遊人緬懷。雙溪地區山明水秀、人文薈萃、生態豐富，近年也推行低碳旅遊，在火車站外就有配合「雙鐵低碳遊」的自行車租借站及旅遊服務中心，讓搭乘火車來訪的旅客更可便利走訪各景點。

如要登高遠眺，雙溪車站南側有座標高二五二公尺的蝙蝠山，從月台就可見到山頂上的涼亭。從位在明天宮後方的登山口上攻，約莫半小時可以登頂。山上視野遼闊，除了雙溪市區盡收眼底外，最遠還可望見福隆海邊，呈現圖畫般的田園景緻，也為鐵

雙溪與貢寮間，鐵道與雙溪川不時交錯。 攝影／古庭維

列車由共合隧道駛出，即將進入長潭隧道。 攝影／李春政

由蝙蝠山俯瞰雙溪車站。 攝影／李春政

道攝影提供了絕佳展望。

火車離開雙溪向南，過了雙溪隧道後逐漸爬升高架，經過共合隧道及長潭隧道後，就沿著雙溪河的右岸直奔貢寮。貢寮是個小地方，保有寧靜的農村風貌，也有悠長的小鎮情懷，平日遊人稀少，但因距離草嶺古道的登山口不遠，假日下車的旅客較多，加上月台上也有便當叫賣，為小站帶來少有的熱鬧。

貢寮出發不久，鐵路經過有名的「田寮洋」溼地，許多愛鳥人士喜歡到此觀察生態，因為地景開闊、山巒疊翠，加上不同季節的田園風貌，是廣受鐵道迷歡迎的攝影取材地。

蝙蝠山山頂的瞭望台是著名的鐵道攝影點。 攝影／古庭維

田寮洋是北台灣最著名的賞鳥聖地之一。 攝影／古庭維

收割的季節，列車通過田寮洋。 攝影／李春政

↑海天一色的石城車站。 攝影／古庭維

福隆＝大里

福隆以海水浴場及月台便當聞名，近年草嶺隧道的單車道也成為話題。福隆海水浴場早年由台鐵經營，不少人還有搭火車去福隆海邊游泳的兒時記憶，目前則因每年夏季辦理海洋音樂祭而聲名大噪。福隆便當是宜蘭線月台便當的鼻祖，已有超過五十年歷史。旅客利用短暫的停靠站空檔，到車門口呼喚便當阿姨買便當，是不可或缺的乘車體驗。打開飯盒，雞卷、滷蛋、香腸、高麗菜、五花肉、梅干菜、豆干等七種菜色規規矩矩排列著，俗又大碗，大大滿足旅行時興奮的味蕾！

一九二四年十月九日，位在福隆、石城兩站間，宜蘭線工程的最大難關，全長二、一六七公尺的「草嶺隧道」完工，宜蘭線也在同年十一月卅日宣告全線通車。一九八六年，配合宜蘭線雙軌化工程，挖掘了新的雙線草嶺隧道，由紅磚砌成的舊隧道隨之淹沒在荒煙蔓草中，直到二〇〇八年八月十日開發為「東北角草嶺自行車道」才又重見天日。舊

↑ 衝出福隆隧道的太魯閣號。 攝影／李春政

↑ 改做自行車道的舊草嶺隧道。 攝影／李春政

大里站保存一座蒸汽火車水塔遺跡。 攝影／古庭維

古老的空襲疏散告示。 攝影／李春政

大里站外俗稱大里天公廟的慶雲宮。 攝影／古庭維

隧道在福隆端有「制天險」橫匾，還有個「吉次茂七郎紀念碑」，紀念開挖隧道殉職的日本技師；石城端則有草書的「白雲飛處」橫匾，都是珍貴的鐵道文化遺產。騎上自行車穿越隧道至石城約需十五至二十分鐘，隧道地面是仿鐵路軌道形式，還使用復古風的油燈燈罩照明，並播送火車行駛音效。讓人以為自己就是那列丟丟噹的火車，復古又新奇！

當南下列車衝出草嶺隧道，左側車窗馬上轉換為壯闊的太平洋，龜山島也映入眼簾，讓人眼睛頓時一亮！接著火車快步通過石城站，同時也開進了宜蘭縣境內。石城是台鐵最東邊的車站，因為業務清淡，已經降等為招呼站，由頭城站代管，外側靠海的月台已經荒廢。車站附近人煙稀少，只有台二線濱海公路的車聲及太平洋的浪濤聲，如果興之所至，附近的石城漁港也可一訪。

續沿東海岸南行火車來到大里站，進站前右側車窗可見當地信仰中心天公廟，廟後方的山徑同時也是草嶺古道的南端起點。大里車站是一九二〇年宜蘭線南段通車時最北端的車站，而在鐵路未開通前，宜蘭人北上則搭乘輕便台車至大里簡，再接草嶺古道，因此大里簡在當年可說是蘭陽子弟進出鄉關的門戶，相形之下今日的光景則稍顯沉寂，侯孝賢電影「悲情城市」末尾的海岸月台場景就是這裡。

石城與大里間的海岸鐵道。
攝影／李春政

大溪站北邊的舊濱海公路大溪橋。 攝影／古庭維

大里＝外澳

大里過後，濱海公路換到海側，鐵路路基較高，因此在看海同時，彷彿也跟公路上的汽車競速。過了大溪隧道後，左側車窗可看到濱海公路的「大溪舊橋」，這座舊橋建於一九四一年的日本昭和年代，後來成為濱海公路的一部分，直到一九七八年才被新橋取代，但被完整保留下來。現在該座橋身已被樹根藤蔓爬滿，每個橋墩兩側還有三角形的「分水尖」，有對抗水流衝擊的功能。過橋再走不遠，火車來到大溪站。

大溪雖是招呼站，但夏天在大溪站下車的人還不少，他們很多帶著衝浪板，要去附近的「蜜月灣」衝浪。而一旁的大溪國小，據說體育課學的就是衝浪，校園內可供遊人漱洗、休息，甚至露營，隔著堤防就是海岸，可謂坐擁無價海景的幸福學堂。

大溪站出發往南，過了合興及梗枋兩座隧道後來到龜山站。龜山車站本身並無特別，出站後沿濱海公路朝北走，經過梗枋漁港及週邊販賣「莧菜魩仔魚羹」的

俯瞰大溪漁港。 攝影／古庭維。

以衝浪而享有高知名度的大溪蜜月灣。 攝影／古庭維

店家，約十五分鐘腳程可到著名的「北關海潮公園」。

「北關」因地勢險要，是蘭陽平原最北邊的關口。為防盜匪，清政府於嘉慶二十四年（一八一九）設「北關」，日本時代為了開闢道路，已將關隘拆

火車通過北關。 攝影／李春政

除。今日沿「海潮公園」內步道爬上觀海台，除可遠眺龜山島及太平洋外，還能近觀海潮拍岸、亂石崩雲的豪壯景色，搭配海岸上「單面山」及「豆腐岩」的特色地形，構成宜蘭線經典的鐵道風景。

離開龜山站，鐵路與濱海公路稍稍分開，往山側而去，跨過梗枋溪及北勢溪匯流處後，進入更新隧道，接著是外澳隧道，出隧道後才又看到濱海公路，到外澳站之前，左側窗外一座白色阿拉伯風格造型的建築吸引眾人目光，彷彿置身國外，成為濱海公路的有趣風光。

外澳站也是座招呼站，現由頭城站管理，近年外觀重新修繕，散發出閒散的渡假氛圍，尤其在那株茂盛的雀榕下邊賞海景，邊等火車，實在享受。隔著濱海公路有條濱海步道，往南走就可到著名的伯朗咖啡，也可到沙灘上，與太平洋近距離接觸，近年因飛行傘及衝浪活動盛行，這段外澳海灘成為人氣景點。而如想登高望遠，可從伯朗咖啡對面穿過鐵路涵洞後上山，山上有間「城堡咖啡」也別具歐洲風情。

⬆ 龜山與外澳間引人注目的「阿拉伯宮殿」。 攝影／古庭維

⬆ 往城堡咖啡路上的漂亮展望風景。 攝影／李春政

⬆ 背山面海的大溪車站與聚落。 攝影／古庭維

混合各種建築風格的盧纘祥故居。 攝影／古庭維

頭城市區的和平老街。 攝影／古庭維

2010 年開幕的蘭陽博物館。 攝影／古庭維

頂埔站南邊遼闊的田園景色。
攝影／李春政

外澳—礁溪

火車離開外澳後，左邊可見烏石港遺址及蘭陽博物館，之後鐵路離海漸遠，四週房屋也開始增加，頭城站到了。

頭城原名頭圍，是清代屯墾宜蘭的首要據點，取圍城自衛的意思來命名。頭圍站於一九二〇年四月廿五日開始營業，戰後一九四八年改名為頭城站，目前的水泥站房是雙軌化工程時所一併改建的。頭圍是東台灣最古老的城鎮，清末已有港口，走在老街「和平街」上可感受到歷史累積的厚度，從十三行遺構、連棟式騎樓建築，到盧宅洋樓……等，都見證了當年不可一世的風華，更何況曾經還有條水道可直通烏石港呢！

當年的烏石港舊址旁已闢建「蘭陽博物館」，於二〇一〇年開館，取宜蘭海岸常見的單面山作為外觀設計理念，已成為頭城新地標。館內的展覽、典藏都是與在地文化相關，可謂認識宜蘭最好的窗口。

礁溪的下一站頂埔目前是無人招呼站，由礁溪站派員代管，車站南邊大片田野讓人開始感受到蘭陽平原的遼闊，之後鐵路與國道五號立體交叉，接著鐵路旁開始出現餐館、飯店，一派熱鬧景象，不久，礁溪站就到了。台灣的鄉村與城市已經沒有明顯分界，都一晃眼的功夫而已。

礁溪＝宜蘭

礁溪是全台知名的溫泉鄉，也是宜蘭線上觀光價值極高的一站，可惜車站本身並無可觀之處，仍是制式的水泥平頂屋，好在站前還有一泡腳池，稍事勾勒出溫泉鄉的氛圍。一九一九年宜蘭線南段初通時礁溪就已設站，因為溫泉的號召，吸引了台北、基隆等地的政商名流前往泡湯攬勝，到了一九八〇年代，因為大量日本觀光客的湧入，也成為新的「溫柔鄉」代名詞，黃春明著名的小說《莎喲拉哪．再見》，就是以此時的礁溪作為舞台。從車站步行來到台九線旁的湯圍溝公園，有泡腳池、溫泉及咖啡座等設施，許多遊客在此脫鞋泡腳，喝茶閒聊，享受愜意的午后時光。週邊街上各類型溫泉飯店應有盡有，讓人目不暇給，有十足的渡假氣氛。

礁溪到宜蘭間，宜蘭線鐵道幾乎筆直地在平原中劃過，中間還有個四城站，是一九二五年宜蘭線全通後才增設的，原名四結，一九六四年才改為四城，也是個招呼站，車站附近不遠有座「武

礁溪湯圍溝公園是非常愜意的開放空間。 攝影／古庭維

「幾米星空號」是宜蘭站的最新人氣景點。 攝影／李春政。

宜蘭機務分段古老的水塔與加水設備。
攝影／古庭維

位在四城站外的武暖百年石板橋。
攝影／古庭維

利用台鐵舊宜蘭運務段辦公室改建而成的旅遊中心。 攝影／陳思銘

暖石板橋」，是清代礁溪通往宜蘭官道上的石板橋，已被列為縣定古蹟。

宜蘭市是宜蘭的政經文教中心，一九一九年三月廿四日南段的宜蘭至蘇澳間率先通車，宜蘭驛開始營業，但原本日本社殿式的木造站房已拆除，目前是有著正面三連拱門玄關及中央塔樓造型的歐風水泥站房。車站南側有座蒸汽火車時代的水塔，是一九一九年三月與鐵路同時興建的，以紅磚砌成的圓筒造型甚為罕見，歷經多次地震仍屹立不搖，目前已列為歷史建築。車站左側的「宜蘭旅遊服務中心」，是利用台鐵舊宜蘭運務段辦公室改建而成，洗石子的外牆線條簡潔，後方還有一防空洞，也是歷史建築。

此服務中心提供非常完善的宜蘭旅遊資訊服務，除了多媒體展示外，還有大量的旅遊及地理書籍資料供人自由翻閱，是遊人看書、休息或等車的絕佳選擇。

在服務中心斜對面有個古蹟，就是昔日的「米穀檢查所宜蘭出張所」。這棟紅磚建築建於一九二六年，負責檢驗、評定稻米等級，然後分別銷售，和洋混合的風格為其建築特色。目前為宜蘭農產品展銷中心，也與農業有關。

建於昭和初年的米穀檢查所宜蘭出張所。 攝影／陳思銘

宜蘭站於 2013 年改裝為「幾米主題」廣場。
攝影／李春政

宜蘭＝羅東

離開宜蘭，鐵道逐漸爬升，進入高架路段，居高臨下的蘭陽平原更覺廣闊，接著火車渡過舊名宜蘭濁水溪的蘭陽溪，寬廣的河面顯示已距出海口不遠，下橋後火車來到二結站。二結車站於一九一九年與宜蘭站同天開業，鐵道的通車，使得週邊的糖業（昭和製糖二結工場）及紙業等產業逐步發展，形成了二結一帶的工業景象。

目前車站旁邊有座「二結農會穀倉」，建於一九三〇年，它的前身是「利澤簡信用購買販賣利用組合」，曾是蘭陽溪南岸稻作收成的貯存處，有著拱窗造型及山牆馬背的設計，牆面為磚造，倉庫內的木造設備都是上等檜木，通風又防潮，堪稱是當時地方上最新式的建築之一，藉鄰近二結車站的地利，方便稻作向外運送，目前已整修成為「稻農文化館」，為宜蘭境內碩果僅存的一座穀倉，也是五結鄉歷史最悠久的農業倉庫，已列為古蹟保護。火車經過了已降為招呼站的中里站後，來到羅東站。

↑ 行包專車跨過寬闊的蘭陽溪。
攝影／古庭維

↖ 在蘭陽溪橋北岸不遠處的治水紀念碑。
攝影／古庭維

← 1934 年落成，鐵公路共用橋墩的蘭陽溪舊鐵橋。 攝影／古庭維

⬆ 被稱為「中華料理屋」的羅東車站。 攝影／李春政

⬇ 羅東林業文化園區內的貯木池。 攝影／李春政

模擬龜山島輪廓意象的冬山河橋。 攝影／林韋帆

羅東＝冬山

羅東站在一九一九年三月廿四日宜蘭線南段通車時開業，站房歷經多次改建，於一九八五年配合北迴鐵路通車，改建為今天的二層中國宮殿建築樣式，且在近年又擴建了後站，方便行走雪隧的國道客運轉乘。羅東是個熱鬧的小鎮，著名的羅東夜市圍繞著中山公園，離火車站也不遠。車站北側的「羅東林業文化園區」最是值得一訪。

一九八二年伐木終止前的數十年來，羅東一直是太平山木材的集散地，林業文化園區就是利用原本的「羅東出張所」及貯木池規劃而成。出了羅東站步行至中正北路的林業園區正門只要十來分鐘，入園免費，一進去就是原地原貌重建的竹林站，以及靜置在「站內」的蒸汽機車及三節客車廂，一旁還有咖啡屋及桌椅，樹木參天、綠意蔭蔭，不少遊人就坐在靜謐的貯木池畔，欣賞對面宜蘭線列車呼嘯駛過。園區內也留有幾輛當年的蒸汽機車供人緬懷。在環池步道北側，原本的日式木造平房整修的美輪美奐，

依原樣重建的竹林站。 攝影／李春政

「宜蘭縣文化創意中心」在此進駐，更讓藝術氣息加分！此外，園區內還有水生植物池、水生植物展示區、環池木棧道等設施，讓人流連忘返。

離開羅東再往南走，火車來到冬山，車站北側正是鼎鼎大名的冬山河。冬山站也是一九一九年宜蘭線南段通車時所設立，原名「冬瓜山驛」，隔年才改名為「冬山驛」。本來冬山站的站房不甚起眼，為配合冬山河遊船通過需要，以及改善週邊的平交道交通，幾年前進行了高架化工程，在維持原本站體的情形下，改造成為一個一樓售票、二樓乘車的高架車站，高架的新月台鋼架採用瓜棚造型，柔美簡約的線條頗具未來感，也與「冬瓜山」的原站名相應，成了冬山的新地標。在月台上候車時，除可欣賞建築之美，蘭陽平原也盡收眼底。

冬山＝蘇澳新

過了冬山站後，還有個不被旅客注意的小站「新馬」，距離

以瓜棚意象設計的冬山站雨棚。 攝影／李春政

蘇澳新站僅有一・一公里。新馬站原名「新城驛」，是一九二〇年為了開採附近的石灰石而設站，一九七五年改名為聖湖站，一九八三年又改名為新馬站，目前也是招呼站，車站週邊並沒有明顯聚落，一派工業區的景象。

蘇澳新站是台鐵宜蘭線與北迴線的分歧站，北迴線以此站為起點，繼續往花蓮方面開行，而要往宜蘭線鐵路的終點站──「蘇澳」的旅客，則還要往港口方向再搭一站才會抵達。

宜蘭線最初通車時並沒有設置本站，到了一九六八年四月，配合附近信大水泥公司的運輸需要，台鐵設「南新城車站」，一九七五年一月改名「南聖湖車站」，一九八二年一月配合北迴鐵路通車後之轉乘需求，又改名為「蘇澳新站」。二〇〇三年十一月，配合北迴鐵路電氣化，新的跨站式站房落成啟用，偌大的站場可讓客貨運列車在此調度。近年因中國大陸遊客多以「鐵路加公路」接駁之方式，避開蘇花公路難走的路段，使得蘇澳新站的進出旅客大幅增加。

建於 1930 年的冬山橋。 攝影／古庭維

蘇澳新站對面的大地標信大水泥。 攝影／李春政

冬山一帶的工業景觀。 攝影／李春政

自日本時代即開始發展的台泥蘇澳廠。
攝影／陳思銘

↑ 蘇澳砲台山上的金刀比羅神社遺跡。 攝影／陳思銘

← 如今已很少有火車進駐的蘇澳機務分駐所。
攝影／林韋帆

蘇澳新＝蘇澳

蘇澳新站至蘇澳站的三．四公里，是宜蘭線鐵路最後的一段旅程，同時也是一段通往終端車站的「盲腸線」。蘇澳站於一九一九年三月二十四日開業，屬於宜蘭至蘇澳間最早通車營運的五個車站之一。蘇澳港曾是台灣東岸第一良港，早年因為蘇花公路路況不佳，許多客、貨運輸仍仰賴蘇澳花蓮間的海運，造就蘇澳站成為進出蘇花的重要門戶。加上後來南方澳開闢為大型漁港、蘇澳水泥產業的興盛，造就了蘇澳站在交通轉運及產業開發上的重要，雖然現在不可同日而語，但從站場的規模仍可感受出列為一等站的氣勢。

蘇澳站最初的站房與第一代宜蘭站類似，為日本社殿型式的建築，後因颱風毀損，於一九六二年重建為現在的樣式，雖為水泥站房，卻有著大方的圓弧線條，搭配深赭色壁磚，在眾多水泥站體中獨樹一格。一出車站就是熱鬧的市街，著名的蘇澳冷泉、名產店或南方澳漁港都不遠，悠哉地步行在街上，細細品味著蘇澳

的海港氣味及終點站情調，為宜蘭線的鐵道旅途畫下完美的句點。

距離蘇澳站不遠的冷泉公園。 攝影／陳思銘

⬆ 南方澳漁港。 攝影／李春政

⬅ 蘇澳新站總有各式各樣的貨物列車。
攝影／李春政

⬇ 生意相當清淡的蘇澳港。 攝影／陳思銘

台鐵宜蘭線嚴選必遊車站之①

倏忽而過的山間小站

老街餘韻——牡丹站

文／攝影 古庭維

位在三貂嶺隧道東口外的牡丹站，是台鐵有名的彎道車站之一。車站前後是連續的大轉彎，火車快速通過，尤其是傾斜式列車，不知不覺就錯過了這座山間小站。牡丹的地名原為武丹坑，廿世紀初曾是金礦產區。宜蘭線通車後，煤炭的轉運業務讓這座小站繁忙不已，也留下聚落與老街；鐵道在此爬坡之故，火車從屋頂上方通過是這裡的特殊風情。由於路線陡度大，不利於貨車停留，因而牡丹站是一座「折返式車站」，除了坡道上的月台，另外在路線旁開闢水平站場。附近礦坑所出產的煤炭，便是利用輕便軌道輸送到車站，並在水平站場裝載。宜蘭線雙線化之後，水平站場遭到廢棄，鐵軌閒置多年後才被拆除；山區難得的平地已整建為停車場等公共空間，但其規模與輪廓還是很容易辨認。

↑ 進入牡丹站前得先登上一小段台階。

⬆ 彎曲的月台堪稱牡丹站標誌。

⬆ 火車在牡丹老街凌空而過。

⬇ 水平站場邊藏著礦業時代的遺構。

⬆ 已經很難看出鐵道氣氛的水平站場。

台鐵宜蘭線嚴選必遊車站之②

風箏與瓜棚印象

平原裡的嶄新高架——冬山站

文／攝影 古庭維

根據經驗，許多特色車站常常都是上了年紀的老車站，高架化之後的冬山站，算是少數特例之一。討論多年才敲定高架化的宜蘭線冬山段，曾讓宜蘭線電氣化工程為之延宕；高架橋與車站在二〇〇九年通車，除了站外龜山島造型的鐵橋，高架新站以舊地名「冬瓜山」發想，將瓜棚意象融入月台雨棚的設計。不但線條優美，造型特殊，也讓視線寬敞許多，與其他車站的月台風景截然不同。雖然市區就在車站旁，但規模並不大，因而在視野良好的月台上，就能輕鬆欣賞這一帶美麗的農田。鄰近的冬山國小歷年在風箏競賽中成績斐然，久而久之已有「風箏的故鄉」稱號，因而車站內外也有許多風箏主題的裝飾。車站廣場其實正是舊車站所在地，如今特意將舊鐵軌保存下來，成為傳承的紀念。

冬山車站門面以風箏作為代表。

參觀冬山車站可以購買精美的月台票。

視線良好的月台層。

站前廣場特意保留了舊鐵軌。

瓜棚下也能見到繽紛的風箏。

往月台層階梯設有單車溝槽方便車友牽車。

環島鐵路入山玄關車站

古道山徑匯集的三貂嶺

文／攝影 古庭維

在環島鐵路幹線沿途，三貂嶺是唯一沒有車行道路聯絡的站。隨著產業蕭條，三貂嶺站已不如往日重要，高級列車快速通過；實在很難想像，這個被許多人稱為祕境的地方，居然也曾是交通輻輳的「大站」。

車站正面就是基隆河，幾乎沒有任何腹地。

月台緊鄰著長滿蕨類的山壁堪稱一絕。

兩個狹窄的岸壁式月台讓三貂嶺站顯得相當侷促。

三貂嶺車站一帶很有「山窮水盡」的氛圍。

鐵路通車，建立新門戶

毫無支線起點站所具備的規模，第二月台緊鄰著山壁，車站門口正對著基隆河岸，開車到不了的三貂嶺站，一副便是山窮水盡的模樣。走投無路的宜蘭線，離開車站來個大左彎，跨過基隆河，緊接著穿過隧道離開。若是搭乘傾斜式列車，左搖右晃，只要幾秒鐘就通過車站，可能會誤以為三貂嶺是個無人居住的荒郊野外。

其實在車站不遠的平溪線一號隧道外，就是一個不小的聚落——碩仁社區。基隆河在此拐了個小彎，留下河階成為山谷中難得的腹地，過去平溪線的機關車庫便設立於此，一旁還有三貂嶺煤礦的降煤場。這些遺跡原本都還留存著，竟然在觀光以興盛的最近才拆除，非常令人惋惜。而曾經興盛的礦業與鐵道，正是這個山中聚落繁華的主因。

但在此之前，已有先民來此落地生根，以採集大青、竹筍謀生，也在山谷間有限的腹地開墾耕地。山區的步徑四通八達，大多通往暖暖、瑞芳、雙溪等地，

碩仁社區往瀑布群的路上，鋪面漂亮的古道。

雖然居民早已陸續遷出，古道途中的土地公廟還是維持乾淨的面貌。

三貂嶺瀑布群是許多遊客搭車到三貂嶺的原因。

但是在宜蘭線鐵路通車到三貂嶺後，火車站自然成為新的對外門戶，山區步道匯集於此。早年的居民搭乘火車來到三貂嶺，再經由不同步道回到各自的家；如今的乘客以遊客和登山客為主，難以想像以往「非觀光」的交通風貌，車站外的商店街遺跡就是這一切的見證。

瀑布、古道、聚落

從三貂嶺出發的古道，往東可以越過三貂大崙，接續往雙溪、九份地區，但這個區域因為一〇二縣道、北三十七鄉道的開發，步道系統或被切斷，或被取代，已經不完整。南面與西面就非常精采。沿著平溪線鐵軌走到碩仁社區，就是山徑的真正入口。

在基隆河左岸，也就是碩仁國小遺址旁入山，就是有名的「三貂嶺瀑布群」。事實上這條路徑早年是前往五分寮、新寮的重要通道，半途中也有其他支線，可以經過烏塗坑通往侯硐。基隆河右岸的平溪線一號隧道口旁，魚寮路的盡頭，則是銜接另一個入

站外已經殘破廢棄的老街遺跡。

山的步道系統。這條步道主線翻過魚寮山，沿著平溪線鐵道延伸，通往幼坑與粗坑聚落遺址，之後再接上大華農路通往十分寮；途中也有許多支線，可越嶺通往雙溪，或連接稜線上的道路，四通八達。

一九二〇年代平溪線與宜蘭線相繼全通，不但沒有取代古道的功能，反而因為聯外交通改善，提高山區小型煤礦場的開採價值，使得這些路徑更加繁榮。但這類的礦場，終究競爭力不足，在一九七〇年代就紛紛關閉，殘留山中的住戶則日漸凋零，在進入廿一世紀前，已幾乎沒有常住的居民。如今在這些古道的路上，時常可以見到土地公廟，房舍的斷垣殘壁，農耕地的遺址，或是精美的駁坎與石拱橋，在在說明當年熙來攘往的繁華。在我們登山健行，欣賞瀑布美景的同時，想像先民的日常行旅，也是相當有趣味的歷史體驗。

⬆ 雖然幾乎已無住民，但山區的路徑依然四通八達。

⬅ 做工細緻的石拱橋是古道繁華年代的見證。

⬇ 幼坑聚落保存著多棟房舍的殘跡。

鐵道絕景之旅

河海田山全通包
迷人而多變的宜蘭線

文／攝影　古庭維

搭乘宜蘭線的列車，是豐富而多變的視覺饗宴。基隆河細膩的峽谷風光，雙溪一帶青翠的縱谷情懷，豁然開朗的龜島遠望，嶙峋怪石的東北角海岸。進入蘭陽平原後，更是一番精彩的視野超展開。

⬆ 莒光號從頭城出發後，通過福德溪橋。

普悠瑪號穿過瑞芳站外的連續隧道。

由 102 縣道前往大粗坑平緩好走。

由大粗坑遠眺，瑞芳的山與海一次滿足。

最後的寧靜猴硐

將近一世紀的礦業終止之後，猴硐的街道與廢棄礦場，以獨特的稀微氣氛，吸引喜愛懷舊的遊客造訪。就在「貓村」忽然成為猴硐的主題之後，大批湧入的遊

由大粗坑眺望原味猴硐，舊時礦坑聚落一覽無遺。

客已將所有的古樸元素刷亮，不再有思古之幽情。其實這些情懷還依稀存在，選擇在一大清早造訪，還能覓得當年的寧靜感；惱人的商業氣息很難視而不見，但如果換個方向，往山上尋找，還有機會安靜品嚐完整的自然與人文風貌。

許多人不知道，猴硐與九份僅一山之隔，這中間的山區稱為大粗坑。基隆河在猴硐與瑞芳間由南北向轉為東西向，大粗坑山就位在轉彎的頂點上，除了猴硐聚落一覽無遺，瑞芳一帶也能清楚眺望，野柳、基隆港、八斗子海景更是精采。從猴硐車站出發，經登山口循步道登上大粗坑山，大約要一個半小時。若從一〇二縣道由小金瓜露頭入口進入，則僅十餘分鐘的平坦路程。

遠離人潮，遠觀猴硐車站、聚落、礦業宿舍、舊隧道、傾頹的整煤廠、神社遺址，這是目前最貼近原味猴硐的視角；鐵道與基隆河交錯糾纏，列車通過時，各種音響效果自山谷傳來，或許火車已經更新，但熟悉的節奏感和片刻的熙攘，也和回憶中的猴硐有幾許相似。

太魯閣號即將追越北上的貨物列車。

茁光號行駛在青翠的雙溪川縱谷。

雙溪市區與遠方金瓜石一帶的山峰。

雙溪縱谷俯瞰絕景

雙溪站外的共和隧道，穿過的是海拔二五二公尺的蝙蝠山。山

頂除了有土木調查局基點，還有二層樓的瞭望台。腳下宜蘭線鐵道劃出四分之一圓的弧線，往東延伸，路線與溪流不時交錯，經過魚行的水田、貢寮聚落、散發翡翠色調的田寮洋溼地，到最遠處的福隆海岸，背倚苳蘭山，海中沙洲正散發金黃光芒。有別於大粗坑所見的基隆河谷，蝙蝠山上欣賞的是雙溪川創造的良田沃野。往北看去，三貂大崙、牡丹山、燦光寮、草山有高山之姿，鐵路從三貂嶺穿山而來，順著牡丹坡來到雙溪口。雙溪全景，在此盡收眼底。

在蝙蝠山觀察列車運轉甚為趣味。當限速六〇公里的北上貨物列車接近雙溪站時，往往可見下一班高速通過的列車已來到貢寮附近。貨物列車在雙溪站緩緩停車，準備加掛補助機車時，恰好也被追越過去，接著是補機的連掛作業，最後貨物列車再度出發，在補機的後推協助下爬上三貂嶺隧道。登山步道雖有水泥台階，卻相當濕滑陡峭，約莫苦行半小時以上方能登頂，震撼的視野得來不易，但絕對不虛此行。

在雙北的範圍內，搭火車見到農忙情景的機會並不多。

田寮洋溼地是雙溪川的滯洪平原。

即將收割的稻穗，在盛夏傍晚更顯金黃。

穿越溼地的火車

南下列車離開貢寮站之後，也來到了雙溪川的最下游。受到地形影響，河道硬是在出海口前轉了兩次彎；大地的畫筆一揮，創造出一大片濕地，這裡的地名叫做田寮洋。在台語地名中，「洋」代表的是小型平原，「田寮」則是田間寮舍之意，但有趣的是，日本時代的地圖裡，都將「田寮洋」三字標註在今日草嶺隧道北口一帶，不知為何戰後會移到現在的位置。雖然如此，這個名字恰恰符合鐵道兩旁寬闊的田園景色，以及接近出海口的想像連結，實在讓人印象深刻。

田寮洋溼地是雙溪川的滯洪平原，溼地有涵養水源、調節氣候的功能，生物多樣性豐富，因此也是北台灣相當著名的賞鳥聖地，二〇〇三年底，一隻丹頂鶴造訪田寮洋，轟動一時；而除了常見的各種水鳥，更是以豐富的過境猛禽著稱。其實這樣的地域屬性，與丹頂鶴的原鄉，北海道釧路濕原也有許多相似之處。

平原地帶中有許多農田，絕大多數耕種水稻，不同時節的農忙

⬆ 列車穿過溼地的景觀，全台少見。

景象溫馨動人。由於東北角的氣候條件不佳，從插秧到收成需要大約一二〇天的水稻，在田寮洋通常一年只種一作，約在四至八月間進行，因此得把握時機。不論賞鳥或看火車，因為道路狹窄，要注意不要妨礙農家的工作。

鷹石尖

海拔四一一公尺，就位在大溪車站的上方，山頂前的崖上有精采展望景觀，且步行距離短，造訪容易，因而具有高人氣。附近也有其他岩峰，都是觀賞這段海岸鐵道絕佳的制高點。雪山山脈起始於三貂角，稜線向西南方逐步昇高，維持著東面陡峭的特色，海拔雖不足一千公尺，但稜上不時出現的陡峭山峰，已具有高山架式。列車穿出草嶺隧道，隨即來到海岸線，旅客時常立刻著迷於東北角的風景，以及遠方龜山島的召喚，反而忽略另一側的精采地貌。

北關海潮公園位在大溪與龜山站間，此處曾是淡蘭古道途中重要據點，清代嘉慶年間曾派兵駐守，如今仍有古砲台基座留存。雖然鐵公路先後興建和擴建，早已將天然的隘口地勢破壞，但從鐵道旁的斷崖與岸邊的單面山，仍然有強烈的「關卡」氣氛。清道光年間流傳的蘭陽八景之中，在北關既可近觀「龜山朝日」與「北關海潮」，同時可遠觀「隆嶺夕煙」，北關成為歷史悠久的名景點，其來有自。

稻田、漁塭、海岸線，獨特的蘭陽情調。

展望蘭陽平原

車過頭城，正式來到蘭陽平原！三面環山，一面向海的蘭陽平原其實並不大，近海處的龜山島是永恆的識別。從北宜公路上眺望，大約能見到頭城至高速公路之間的鐵道路線，頭城頂埔之間樓房較多，視線有許多阻礙，但在頂埔南方的田園間則是一覽無遺。鐵道在一大片稻田中微微向西轉彎，而海岸線則在後方向東擴展。傾斜式列車全數營運之後，亮白又流線的車身快速奔馳，在不同角度下，搭配著海岸的弧線，或遠方漸漸沒入海中的山稜，是獨一無二的蘭陽風味。

自從國道五號通車，原本假日必定大塞車的北宜公路，雖然仍有大貨車行駛，但車流量已今非昔比，搖身一變成為讓人放鬆心情的景觀道路。過去許多人「聞之色變」的九彎十八拐，其實沿途處處都有精采的展望，也是觀賞鐵道絕景的最佳去處。若顧慮在路邊停車，也可以到「石牌」縣界公園賞景。

北宜公路九彎十八拐是蘭陽平原的最佳觀景台。

龜山島是永恆的蘭陽識別。

國道五號通車大幅改變北宜間的交通軸線。

古今車窗風景

文／翻譯 黃偉嘉

宜蘭線古今車窗風景旅行

本次選擇南段的四腳亭＝瑞芳，以及澳底＝大里兩個區間，供讀者比較七十餘年前的車窗風景，增添鐵道旅行的懷舊趣味。

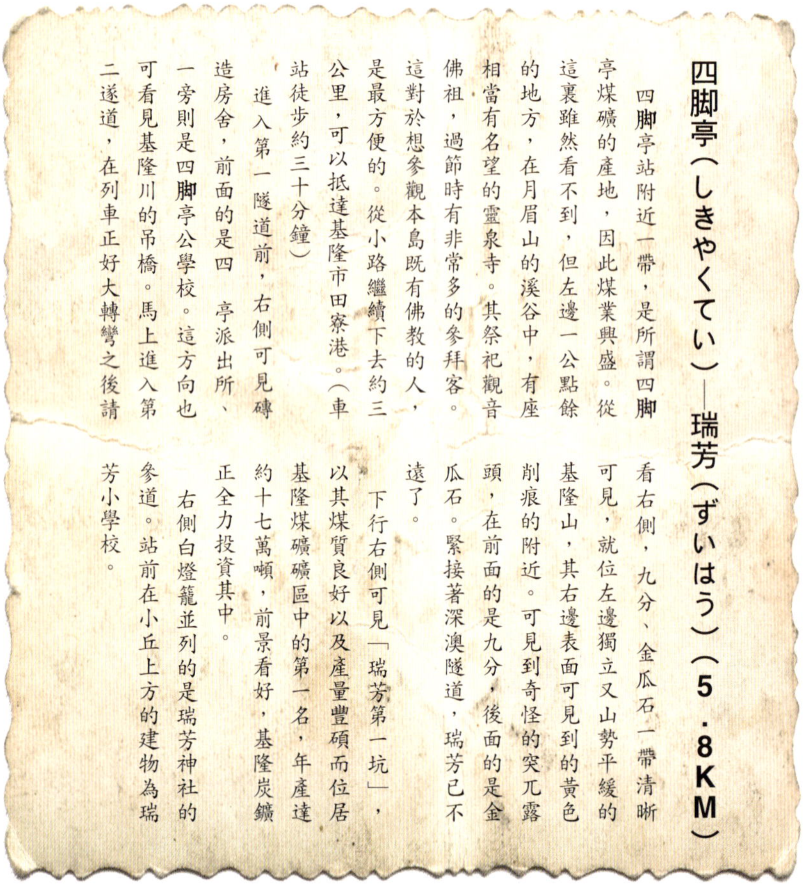

四脚亭（しきやくてい）—瑞芳（ずいはう）（5.8KM）

四脚亭站附近一帶，是所謂四脚亭煤礦的產地，因此煤業興盛。從這裏雖然看不到，但左邊一公點餘的地方，在月眉山的溪谷中，有座相當有名望的靈泉寺。其祭祀觀音佛祖，過節時有非常多的參拜客。這對於想參觀本島既有佛教的人，是最方便的。從小路繼續下去約三公里，可以抵達基隆市田寮港。（車站徒步約三十分鐘）

進入第一隧道前，右側可見磚造房舍，前面的是四 亭派出所、一旁則是四脚亭公學校。這方向也可看見基隆川的吊橋。馬上進入第二遂道，在列車正好大轉彎之後請看右側，九分、金瓜石一帶清晰可見，就位左邊獨立又山勢平緩的基隆山，其右邊表面可見到的黃色削痕的附近。可見到奇怪的突兀露頭，在前面的是九分，後面的是金瓜石。緊接著深澳隧道，瑞芳已不遠了。

下行右側可見「瑞芳第一坑」，以其煤質良好以及產量豐碩而位居基隆煤礦礦區中的第一名，年產達約十七萬噸，前景看好，基隆炭鑛正全力投資其中。

右側白燈籠並列的是瑞芳神社的參道。站前在小丘上方的建物為瑞芳小學校。

導讀

在日治時期，出了四脚亭站後，列車沿著蜿蜒的基隆河行駛，一連穿過第一、第二以及深澳三座隧道。一九七四年宜蘭線拓為複線，開鑿新隧道以截彎取直，三座舊隧道也跟著停用。如今的瑞芳，早不復煤工重鎮的地位，取而代之的是成為平溪、九份、金瓜石、八斗子、深澳等熱門景點的輻輳之地。在這裏，就讓當年的文字，帶我們領略當年的風光吧！

四脚亭第九坑坑口。

廢棄已久的第一四腳亭隧道。 攝影／黃彥尊

金瓜石鑛山全景。

嶄新的路線與單線時代有極大不同。 攝影／古庭維

今日的金瓜石全景。 攝影／古庭維

澳底（あうてい）—大里（たいり）（8.3KM）

澳底車站是被鼻頭角與三貂角環抱的絕佳海水浴場。左邊，車站北方約三百公尺處，有休憩所兩棟，可容納二百人，費用十五錢，也提供簡單的料理以及住宿設備。海水清澄，深度三百公尺，往海岸之前，要先至雙溪河口，搭乘免費渡船。（開場期間為六月一日至九月十五日）

雖然從本站看不到，但往澳底御遺跡地（譯註：指乙未割臺後，日本北白川宮能久親王的登陸紀念）需由車站往西北步行五公里。另外東八公里處，有三貂角燈塔，是本島最東端的岬。

接下來的隧道是有名草嶺隧道，左側隧道入口有一石牌，為隧道工程之際的犧牲者吉次技師的殉難碑。草嶺隧道貫穿山腹，全長二一六六米，為本島最長，需時五分鐘。隧道中央為基隆郡及宜蘭郡的界線。在草嶺山上有巡臺御史劉明燈經過此地時，為了鎮守蕃界而在巨岩刻下「雄鎮蠻煙」、以及近山頂的「虎」字碑。（距大里車站約三．四公里）

一出隧道，茫茫的大海原於焉展開，一掃隧道的鬱鬱之氣。從這裏到大溪附近，如您所見都是奇岩遍布的海岸，稱為大里簡，列為臺灣十二勝之一。以中秋的賞月地點而聞名。

在海中可見到島嶼，為龜山島。如您所見，就有如一大龜在游泳的樣子，因而得名。

導讀

一九二〇年代興建宜蘭線時，原訂設立「控子」車站，但通車前改採北邊三公里的著名漁港「澳底」為站名，因此出現站名與地名不符的狀況。直到一九五二年澳底車站改名「福隆」，才不再混淆。

草嶺現在是新北市、宜蘭縣的界線，過去是天險，往來兩地需換草鞋攀越草嶺，現則成著名踏青路線。在日治時期，基北宜同屬臺北州，因此草嶺僅僅是「郡界」（譯註：日治時期合數個街庄為一郡，介於現代的縣與鄉鎮之間的層級）。但百變不變的，仍是壯麗的龜山島與太平洋。

虎字碑。 攝影／蕭信同

⬆ 南下列車通過大里站，背後即是「草嶺」。 攝影／蕭信同

⬅ 龜山島是東北角的代表風景。
攝影／古庭維

↙ 「雄鎮蠻煙」石碣。 攝影／蕭信同

⬇ 澳底御遺跡地。

鐵道寫真家

超完美取景角度

透過廣角鏡頭，發現宜蘭線的無窮韻味

文／攝影　陳威旭

拜科技的進步所賜，普悠瑪、太魯閣號使用最新的傾斜技術，一路上壓車過彎，帶領旅人飛快地通過迂迴的宜蘭線，拉近了台北與宜蘭的距離。

列車自八堵出發後，鐵道緊鄰著湍急的基隆河谷，在滿山的綠意盎然裡奔馳，輕快地爬上牡丹坡；一出草嶺隧道，令旅人發出讚嘆的，是眼前迎來一望無際的太平洋！隨著列車繼續南下，遠處的龜山島漸漸逼近窗前，一路崎嶇到頭城的東部海岸線與朝陽，是多麼閃耀動人！旅程的尾聲，列車進入廣大的蘭陽平原，短短的九十三．六公里景色竟如此多變、風情萬千！

除了無限美好的車窗美景，也不妨以鐵道迷的角度，在車外近觀或遠眺疾駛而過的列車，體驗不一樣的感受，說不定會令你更心動！宜蘭線鐵路的印象，絕對不只山城聚落的瑞芳、猴硐的貓村、夏天的福隆海水浴場、冬天的礁溪溫泉，當我們深入去了解，會發現其實還有許多值得駐足的路段，希望藉由此篇介紹宜蘭沿線易取景的拍攝點，共同體會宜蘭線的美麗！

⬆ 在北關海潮公園的制高點，可以捕捉到宜蘭線的鐵道海岸風情！

第二基隆河橋畔

河光瀲灩——

鐵道寫真家

攝影Tips

此地下午順光，適合廣角鏡頭構圖，亦可掛上CPL偏光鏡，增加照片的飽和度；如果前景正巧有釣魚的人，構圖效果更佳！

⬆ 循著瑞芳往九份的一〇二縣道鐵路跨線橋（瑞柑陸橋）右側的明燈路（不需上橋），順著往下走即可抵達第二基隆河橋。此攝影點可拍攝四節一組的區間車、冷氣柴客等，若遇到民間鐵道社團不定時承包的普通車專列，更是完美的取景畫面！

此段算是最多人也最基本的構圖，盡量挑選普悠瑪、太魯閣和莒光號等列車，利用好天氣的晨光照耀在亮色系的車身上，就是張好作品！

⬆ 基隆河谷一隅的悠閒，沿線正忙著釣魚的人，與隆隆駛來的貨物列車相呼應，畫面十分和諧。

➡ 猴硐＝三貂嶺間只有一條叉路往上走（可參考 Google Map），比原本的道路位置略高，即可抵達。適合中望遠拍攝列車與廣角大景（70-200 mm 或 28 mm 以下）！

⬇ 車廂編成較短的平溪線，可創造更多變的構圖！

山、溪谷與火車的謳歌

猴硐＝三貂嶺

遠離猴硐站的喧囂，我們繼續沿著基隆河旁的產業道路前往三貂嶺。鐵道與公路相隔著基隆河谷，這段路平均車速不會太快，在行車密度超高的宜蘭線上，十分容易遇到火車駛過。除了正班列車外，偶爾還會遇到貨物列車與單機，而短編的平溪線列車可以創造出多變的構圖，無論採用中望遠鏡頭（70-135 mm）壓縮河谷的景致，陰天使用標準鏡頭（35-100 mm）拉近山景拍攝局部，或於晴朗的天氣換上超廣角鏡頭（28 mm以下）帶山河大景都十分合適。由於地勢的關係，鐵道側需待早上才有辦法拍攝到全順光。此段也是宜蘭線最容易抵達超完美取景角度的攝影點，還可順道爬爬猴硐、三貂嶺周邊的步道呢！

⬆ 使用超廣角鏡頭（12-24mm），帶入藍天、海岸與疾駛而來的普悠瑪號吧！

⬇ 從觀海台上遠眺龜山島與千變萬化的雲朵，這邊也是賞日出的絕佳景點。

⬇ 陰雨綿綿的宜蘭線與驚滔駭浪，鏡頭可拉近取局部畫面。

鐵道沿線．臨海聽濤——

大溪＝外澳 北關海潮公園

蘭陽八景之一的海潮公園，是東北角海岸相當知名的景點，因為交通方便，許多走濱海公路的車輛幾乎都會在此停留。過去鐵道攝影前輩們就曾在此留下許多非電氣化時期的珍貴照片，稱得上是獨屬東北角鐵道與海的意象！公園內奇岩林立，循著階梯登上最高點—觀海台，可同時遠眺龜山島與蘭陽平原，近聽浪濤拍打石岩的巨響；換上超廣角鏡頭，即能留下列車與海景交織的美麗畫面！從停車場走到觀海台莫約十五分鐘，由於此地無遮蔽物，如要長時間拍攝，建議自備飲水以免中暑！

蘭陽平原的鐵支路風情

頂埔=礁溪

位在礁溪=頭城間的頂埔，我們出站過平交道後，順著鐵路沿線往礁溪方向，接上一九一縣道，利用沿線的稻作，表現出蘭陽平原的春夏秋冬。稻作成長期間盡是綠油油的一片，經歷過澄黃稻穗隨風搖曳，收割整地後的放水時節，平靜的水面映出列車美麗的身影，可說是蘭陽平原的代表性景點！無論是南下或北上列車取景皆十分容易，早上與下午都適宜拍攝。

此處建議使用超廣角鏡頭（28 mm以下焦段）拍攝，天氣晴朗的清晨可搭配 CPL 偏光鏡，拍出後山純淨的藍天！若要拍攝倒影等題材盡量在九點多以前，比較不容易起風！　攝影／鄭帆評

宜蘭＝二結

列車過宜蘭後，便開始漸漸地爬升上橋，窗外視野也越來越遼闊。為了提升路線品質，以及為了取代過去的蘭陽溪鋼樑橋，宜蘭＝二結間興建了一座高架鐵路段。周遭環繞著翠綠的稻田，我們可以從蘭陽溪橋北端的台九線外環道，開始去找尋四周的農田景致，有背景的山影與前景的稻子搭配，構圖十分容易，也非常適合長編組的貨列入鏡。

早晨的太魯閣號潔白車身與綠油油的稻田十分協調！非常適合使用廣角鏡頭構圖。攝影／古庭維

不時出現的貨列也可以輕鬆入袋，不用擔心車廂編組過長的問題；如果天氣不錯，不妨換上超廣角鏡頭將眼前變化萬千的雲朵帶入鏡頭吧！ 攝影／古庭維

新興高架鐵路的親水魅力

冬山站

除了宜蘭＝二結間外，宜蘭線另一個高架化鐵路段為冬山＝新馬，為此工程也改建冬山河橋和

太魯閣號疾駛而過冬山河橋景致，整治過後的冬山河畔也十分乾淨，適合廣角鏡頭（28 mm 以下）。 攝影／王于豪

車站。煥然一新的冬山站，擁有特殊的瓜棚造型，是新興的月台拍攝點之一。一旁的冬山河橋是梁靜茹「c'est la vie」MV的拍攝地，吸引不少人前來一睹列車通過的風采。

冬山站不管是站內或站外，都適合廣角端構圖，周邊交通也十分方便；出車站後接上台九線，一旁即是冬山河森林公園，可立即抵達目的地。在台九線旁可拍攝列車過橋以外，還可以爬上森林公園的明隧道，觀賞列車通過的景色，是個早上與下午都適合攝影的地點。此外車站附近有很多小景點值得旅人去踏尋！

爬上站外的小丘，使用標準鏡頭（約 50 mm），可帶出上行列車與橋樑、車站一景。攝影／鄭帆評

迫力列車‧搖擺北宜沿線

文／攝影　陳映彤

從郊山河谷、沿海地帶，一直到遼闊沃野，宜蘭線的美，無論是車內的窗景、還是車外的環境，總是讓人愛不釋手；畫面在長鏡頭的壓縮下，拉近了火車與背景的距離。此外，迫力列車背後滿山的綠意或是點綴的蔚藍，即使去蕪存菁，搭配線型依舊能呈現強烈的地域性，這就是宜蘭線！

猴硐站北方的福住隧道南口也是攝影名所，但自從路旁增設護欄後攝影角度就比較侷限了。（瑞芳＝猴硐）

群山懷抱—河谷、綠毯間搖擺悠游

列車自八堵站分歧進入宜蘭線—草嶺隧道前，大多是沿著基隆河、雙溪主支流的方向前行。多山的河谷地形，讓鐵路必須沿著山邊蜿蜒而行，並搭配穿越山嶺的隧道，克服不利的環境因素。

從暖暖一直到三貂嶺周邊，都是非常典型的基隆河谷地形；路線蜿蜒的牡丹坡，則是跨越了宜蘭線上最大坡度難所的挑戰；貢寮、雙溪間的田寮洋濕地，則是告別這環山環境前的最後一大片綠野。

跟花東地區背景動輒上千公尺、並存在著距離感的巍峨山峰相比，宜蘭線兩旁緊密的郊山環境反而自成一格，在這些地點用200mm以上的長鏡頭取景，無論是直線還是彎道的線型，都可以將滿山的綠意轉換為散景，並輕易填滿畫面背景，十分過癮！

⬆ 鐵道攝影愛好者口中的「四瑞Ｓ彎」具有非常獨特優美的線型弧度，無論列車編組長短都非常適合。（四腳亭＝瑞芳）

⬆ 宜蘭線北段的山情與綠意，感覺就是如此貼近！猴硐南除了河谷美貌的風光，晨間的光線搭上迫力的列車攝影也十分迷人。（三貂嶺＝猴硐）

⬇ 長鏡頭下的田寮洋，開闊的溼地環境，使背景的綠意也更有空間感了！（福隆＝貢寮）

⬇ 相較於貨物列車行駛時的氣喘吁吁，電聯車組在難所牡丹坡依舊顯得游刃有餘。（牡丹＝三貂嶺）

⬆ 在台灣列車攝影要將海的元素納入構圖中並不多見，但草嶺隧道南口這個地點卻非常容易抵達，列車與海共構的美麗畫面躍然眼前。（石城＝福隆）

⬅ 駛過大里天公廟前的電車，鈍行列車的深藍與海洋的蔚藍相映成趣。（石城＝大里）

⬆沿海地帶曲折的現行也造就了很多經典的列車攝影景點，梗枋隧道南口的 S 彎便是其中之一。（龜山＝大溪）

⬇東部多見的貨物列車駛過北關地區，這裡除了廣角風景宜人外，長鏡頭攝影的魄力也非常精彩。（大溪＝龜山）

沿海地帶──
鐵路與海的對話

列車一出草嶺隧道，映入眼簾的便是閃耀的太平洋，以及守護蘭陽地區的龜山島。從石城一直到頭城之間，這段宜蘭線鐵路，給人最大的印象便是海的蔚藍。

相較北迴線、南迴線大山大海的霸氣，宜蘭線沿海段反而顯得內斂而輕柔。岩岸地質且比鄰山地的東北角海岸，鐵路的構築也跟著地形蜿蜒，如大里車站南方、梗枋隧道兩處S彎道，都是非常經典的列車攝影景點。

當然，這段沿海鐵路也是有不少讓照片充滿海味的攝影地點，例如草嶺隧道南口的大彎道、以及大里天公廟前與濱海公路比鄰的直線段，由於鐵路與大海之間距離近、阻隔物少，只要在對的角度取景，中長焦段的鏡頭照樣可以將海與列車一同輕鬆入鏡的呢！

遼闊平野——疾馳蘭陽平原

列車途經頭城後，穿越蘭陽平原的鐵路，兩旁視野所及不再是近距離的山與海，此起彼落的樓房也宣告著城市聚落的繁盛。列車盡情在長直的鐵路上奔馳，少了密集且曲度大的急彎，平原中偶爾出現的平緩彎道搭上背景的建物也成為這裡最具特色的長焦段風景。

宜蘭線在新馬北邊繞了個彎，鐵路短暫地成為了東西走向，也是宜蘭線南段唯一不因季節日照角度而大受影響的區間。因此以對光線角度非常敏感的列車攝影而言，除了「上午順下行、下午順上行、車側看季節」的單純條件易於掌控、更是有著多重攝影角度的絕妙攝影地點。

列車於宜蘭線南段進入了工業地帶，尤其在蘇澳新站偌大的站場及附近的水泥廠，在長鏡頭的壓縮下就能輕易地表現出的股道的繁複以及產業的特色，一直到接近逐漸式微的蘇澳車站，才慢慢從緊湊的產業脈絡回歸到緩慢輕鬆的調性。

新馬北邊的直線段常年光線規律、兩端緊臨彎道，多元的角度非常有可塑性。（新馬＝冬山）

蘇澳新站除了是幹線的分歧點、也是宜蘭線屬一屬二的貨運站，偌大的站場以長焦段壓縮極具延伸感。（蘇澳新＝蘇澳）

羅東車站南邊的平交道，就是一個方便且能將市鎮環境特色入鏡的攝影地點。（羅東＝冬山）

不定期駛入蘇澳的貨物列車，不僅短小的編成與這段鐵路的輕鬆調性相互呼應，也與背景中的工廠相映成趣。（蘇澳新＝蘇澳）

台灣鐵道車窗名山景

蘭陽平原百岳禮讚

文／攝影　古庭維

列車通過蘭陽溪橋，遠方聖稜線相伴。

聖稜線的最佳觀景窗

台灣人最為熟知的百岳山峰，無疑是玉山。但第二名呢？海拔三、四九二公尺，造型極為出眾，足以成為百公里外航海標誌的大霸尖山，應該也當之無愧。大霸尖山到雪山之間的聖稜線，全程在海拔三千公尺以上，且山勢奇峻，在平地就能清楚分辨，堪稱北台灣的屋脊。相較於桃竹苗，位在聖稜線東邊的宜蘭，掌握雲霧湧現前的時機，清晨可從順光向觀賞，一睹風采的機會大增。搭乘宜蘭線列車，大約從龜山到二結之間都能見到聖稜線。另一方面，較靠東側的中央山脈，從鐵道沿線觀賞更無阻礙，但視角與山脈走向重疊，因此只能見到最北端的南湖大山（三、七四二公尺）、南湖北山（三、五三六公尺）、南湖大山東峰（三、六三二公尺），且彼此相當接近，不易辨識。

⬆ 從北關欣賞列車通過，遠山羅列，左方為中央山脈，右方則為雪山山脈。

⬇ 由桃山望向南湖大山與中央尖山。

⬇ 大霸尖山與小霸尖山。

⬆ 列車通過頂埔站南方的稻田，背景最搶眼的山峰，就是海拔 679.5 公尺的礁溪富士山，堪稱礁溪地區的一大地標。

蘭陽溪北最搶眼山峰

當我們搭乘宜蘭線列車，來到頂埔站南方，兩旁是寬闊的稻田，而這裡也是著名的鐵道景點。由於視野寬闊，除了欣賞遠方可能見到的三千公尺名山，近處可細看北宜公路「九彎十八拐」如何盤上北宜縣界。在西側的車窗景觀中，絕對不會忽略的，是一座稜線圓滑，接近山頂則忽然陡升，氣勢絕讚的山峰。這座山並不高，僅有六七九・五公尺，名為鵲子山或鴻子山；因為山勢出眾漂亮，外觀上大致呈現錐狀，具有富士山一般的外觀與精神，因而成為台灣眾多的「鄉土富士」之一，在日本時代被稱為礁溪富士，也是礁溪地區最明顯的地標。搭乘火車時，大約在頂埔到四城間可就近觀賞，但在更遠的地方也是能清楚分辨的。

由北宜公路欣賞礁溪富士美麗的姿態。

區間車通過四城車站，礁溪富士清楚可見。

鐵道沿線，歷史名場景

猴硐礦場

文／攝影 古庭維

一九二二年，猴硐的山谷裡，一座巨大的現代化工場落成。廠房就跨在四條鐵軌上方，附近礦坑所採的煤礦，利用台車軌道送到工場中洗選，製作完成的煤炭經過輸送帶可以直接裝車，利用剛通車的宜蘭線運走。

猴硐礦場今貌，選炭工場已不幸倒塌。

台灣礦業珍貴古蹟 淹沒在貓村名聲

在日本時代，金包里與四亭煤田被認為條件優良，劃為軍預備煤田而禁止開採，直一九一〇年代左右才漸漸開放三井財閥與瑞芳的「土豪」顏年，在一九一八年共組基隆炭株式會社。不久後基隆炭鑛又木村久太郎經營的木村礦業呑，勢力範圍擴及基隆、四亭、瑞芳以及猴硐，成為全台大的煤礦公司，宣告四腳亭煤進入量產時代。宜蘭線鐵道的築，也在這些財團整併的背後扮演重要的推手角色。

原本猴硐礦場最主要的炭是久年二坑，這個名稱來字木

猴硐選炭工場剛落成時的樣貌。

台灣前輩畫家倪蔣懷筆下的猴硐礦場。

產煤裕國是猴硐站所見的經典標語。

「久」太郎與顏雲「年」，正是這兩人合資的礦場。雖然蘊藏量可能頗豐，但因為久年二坑主要用途是在供應九份的金礦場，所以沒有大量開採。

轉移給基隆炭鑛之後，經重整成為四腳亭九坑與十坑，且在猴硐車站旁興建大型的選煤設備以及跨越基隆河的大鐵橋，建立現代化生產線。這套設備在一九二二年啟用，鐵道路線通車到猴硐已經兩年，交通便利的優勢發揮地淋漓盡致。從此巨大的廠房與跨河大橋就成為猴硐地標，一九六五年鐵橋改建為混凝土拱橋，不過原本的大橋墩被留下來沿用。

後來基隆炭鑛又重編礦場番號，猴硐礦場改為瑞芳三坑，並在一九三四年開始由李建興包採。他以瑞芳三坑之名成立瑞三鑛業，並於一九三八年開鑿猴硐坑，致力開採「最下層煤」，結果大獲成功，成為台灣最重要的煤礦之一。一九四〇年又在猴硐車站南方不遠處開鑿瑞三本鑛，此坑為長達三公里的大平硐，所以可用小型車頭牽引礦車。戰後的一九六〇年代，又開鑿復興坑

工場外的鐵道車場遺址遊客如織。

瑞三大橋建於 1920 年，後於 1965 年改建為拱橋。

未倒塌前的選炭工場。

及瑞平斜坑，將工作範圍擴大至平溪台陽礦區之邊緣。由於瑞平斜坑的開採，促成瑞平公路的興築。一九九〇年，由於政府煤礦政策走向的緣故，瑞三鑛業結束開採，留下許多軌道、礦坑、隧道、廠房等等遺跡。

停止採礦之後的猴硐，絢爛歸於平靜，曾有數千名員工同時工作的山城，頓時被世人遺忘，只留下宜蘭線列車駛過的轟隆聲響迴盪山谷間，因而成為許多人尋幽踏青的好去處。建於日本時代的選炭工場，雖然代表的是全台灣第一套配合鐵道運輸的大型煤炭生產設備，是台灣工業發展的重要見證，卻任憑十多年風吹雨打，終於在進入廿一世紀後傾頹倒下。

跨越基隆河的拱橋上，軌道殘留的軌道已用展示方式保存，橋頭柱則記載了此橋於一九二〇年建造，又於一九六五年改建的身世。不過在整修後，新的護欄不偏不倚將這些題字擋住了。拱橋正對著就是題有猴硐坑的隧道，目前有業者將路線修復，並使用舊有的機關車牽引改造台車供遊客乘坐。

搭台車進入猴硐坑隧道是最新玩法。

由大橋繼續往南行，沿途偶爾仍可見到台車軌道，並有一座低矮的台車隧道保留，如今依然是居民使用的通道。通過隧道後可抵達復興坑，根據推測，此坑的前身可能就是早年四腳亭十坑的原址。坑口造型典雅的瑞三本鑛坑口也依然健在，週遭許多礦場房舍經過整修，但幾乎沒有遊客造訪。

寧靜寂寥的蕭條礦區，最近幾年因為流浪貓被「發現」，突然一夕成名。猴硐的貓狗存在多年，搭配著寧靜街道的氛圍，早已是許多攝影人喜愛的題材，但在「爆紅」後，成千上萬的遊客湧入狹窄山城，其實已經原味盡失，當初「成名」的理由已不復見，只剩一種人云亦云的熱潮。猴硐是產業交通變革的重要見證，也是台灣礦業歷史的紀念地，有機會在猴硐走逛，千萬要多看一眼，這些美麗與哀愁。

1920 年代的四腳亭十坑舊貌。

復興坑坑口近況，此區少有遊客。

沉穩厚重的瑞三本鑛坑口。

位在猴硐坑後方山上的捨石場遺址。

鐵道園區

文／攝影　古庭維

舊草嶺隧道

穿越雪山山脈的歷史旅路

左邊為雙線的草嶺隧道，右邊則是改為自行車道的舊隧道。

還記得國道五號通車時，從台北到礁溪的路程，從兩小時左右，大幅縮短成半小時的震撼嗎？雪山隧道的完成，無疑是交通建設史上一大成就，不過，北宜空間革命的經歷，第一次是發生一九二四年。

宜蘭線鐵路工程在一九一七年展開，當年底由基隆和宜蘭兩邊分頭進行。南部段由於是平原，工程相當順利，然而北部段穿越基隆河谷，加上長大隧道，因此進度緩慢。一九一九年，八堵至瑞芳通車，翌年延長到猴硐，隨後推進到三貂嶺；一九二一年平溪線通車，從八堵到菁桐坑的煤炭運輸幹線完成，但是宜蘭線才正面臨兩座超長隧道的挑戰——三貂嶺隧道與草嶺隧道。

在自動化機械的首次引進下，三貂嶺隧道在一九二二年通車，

大多數遊客選擇由福隆端的北口出發。

這時全線只剩穿越雪山山脈主稜的草嶺隧道還沒完成。一九二四年，長達二、一六七公尺的草嶺隧道完工，成為全台灣最長的鐵道隧道，當時在日本全國也能排上第六名，三貂嶺隧道則是第十名。同年十二月一日，宜蘭線鐵道全線通車，原本耗時多日徒步淡蘭古道的旅程，變成搭火車一日完成。

位在路塹中的舊草嶺隧道北口。

舊隧道南口外的海岸村落。

隧道北口附近的「故吉次茂七郎君之碑」。

身為宜蘭線最重要的關卡，草嶺隧道兩端洞口有山牆裝飾，北口並有「制天險」題字，落款為當時鐵道部長新元鹿之助，南口「白雲飛處」則由總務長官賀來佐賀太郎題字，為此隧道工程的艱辛以及重要性，加上最好的註腳。隧道通車前一年，日籍監工吉次茂七郎積勞成疾過世，得年僅三十四歲，不及親眼見到通車，因此在隧道北口外也設立了一座紀念碑。

一九八〇年北迴線通車，最長隧道頭銜讓給觀音隧道，此時花東鐵路正在進行拓寬工程，而宜蘭線也已開始擴建雙線化。只有單線的草嶺隧道於一九八六年功成身退後就被封閉，直到近年才被指定為古蹟，並且整理成自行車道，兩端整建公園，連結濱海公路石城服務區；最近更加入濱海自行車道，串聯成「舊草嶺環狀線」，成為結合山海景、古蹟與戶外活動的絕佳景點。

由隧道內往南口外看去。

北口鐵道部長新元鹿之助「制天險」題字。

南口「白雲飛處」由總務長官賀來佐賀太郎落款。

廢棄的捲簧成為自行車道的裝飾品。

石城站古老的站名牌放置在舊隧道內展示。

紀念戳章物語

文／圖 片倉佳史

日本時代・宜蘭線

車站戳章的世界

日本時代的台灣，鐵路車站也有放置紀念章。小小的紀念戳章，將各地風土特色巧妙描繪，題材也相當豐富，讓您享受紙上的旅行。刻印的圖畫風景以及當地的圖樣是非常有新鮮感的，擁有吸引眾人目光的魅力。本次介紹的印章來自四腳亭至蘇澳間的車站。在本稿所刊載的紀念章，是從拙作《台湾風景印——台湾・駅スタンプと風景印の旅》（玉山社）當中節錄出來的。感興趣的讀者可以從這邊參考。

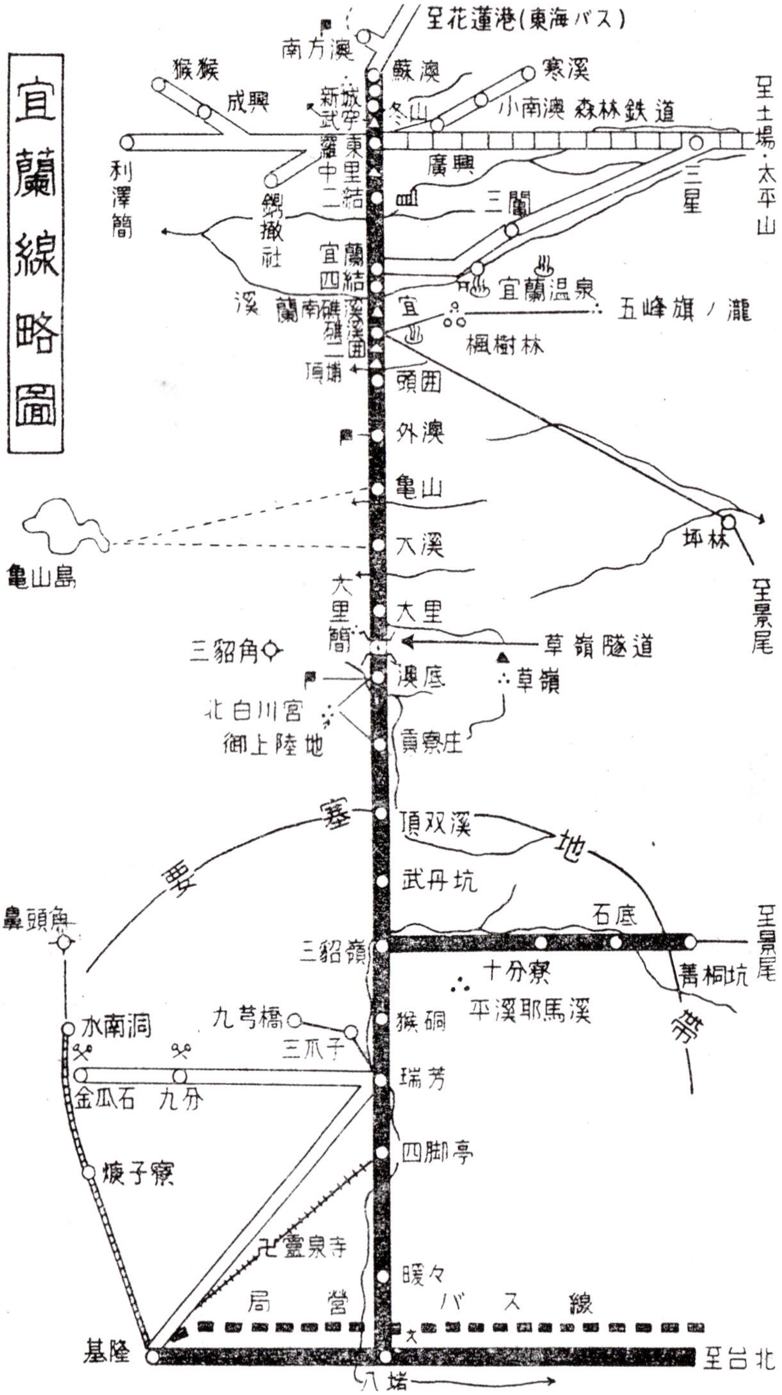

四脚亭 しきゃくてい

自八堵出發，宜蘭線列車以一個大轉彎，沿著基隆河與縱貫線分開。過了暖暖站之後，來到四腳亭。這附近以出產煤炭而知名，曾經是台灣煤炭產量最多的地方。而且因為炭質優良，而有「四腳亭炭」的專稱。煤礦的採掘是由基隆炭鑛株式會社所營運。

當時，煤炭擁有黑色鑽石的稱號。採掘出來的煤礦藉由台車軌道運送到車站，再轉運至貨物列車上。礦坑有四腳亭第一、第二、第三坑，以及九年第一坑共四處。

車站於一九一九年（大正八年）五月五日，鐵道通車至瑞芳時設立。昭和九年的戳章，將礦坑口誇張地描繪出來，後方則可見到侍奉觀音菩薩的靈泉寺本殿。

運炭風景。

採掘風景。

瑞芳 ずいほう

瑞芳是地區的中樞聚落。最著名的就是瑞芳的煤炭與金瓜石所挖掘的金礦。由瑞芳出發，經由九份到金瓜石，有台陽鑛業株式會社的台車軌道，用於搬運物資，往來的旅客也可以便乘。

本站於一九一九年（大正八年）五月五日開設，當時是路線的終點站。戳章中誇張地描繪了瑞芳的礦山，半山腰則見到礦坑口與台車軌道。途中的山僅有簡單勾勒稜線，但以閃耀的光輝來訴說金礦的印象。左側海面上所見的大船，推測是在描繪這些礦產資源是由基隆港所輸出。

九份。

金瓜石的精鍊所。

貢寮庄
こうりょうしょう

由瑞芳出發經過三貂嶺，是越嶺的路段。穿過隧道之後，就是由雙溪所形成的沖積平原。車窗風景由溪谷變化為水稻田。

貢寮站於一九二四年（大正十三年）十一月卅日設立。當時的站名是貢寮庄，而現在的名稱則是一九五二年十二月開始使用。通過本站之後，列車左側所見的海岸，是台灣少數的海濱沙灘，名為澳底海水浴場（今福隆海水浴場）。此外，一八九五年（明治廿八年），北白川宮能久親王率領近衛師團登陸台灣的地點，就在這附近，設有紀念碑。

昭和七年的戳章中，就將近衛師團的登陸紀念碑畫了出來。接著是遠遠眺望海中的鼻頭角，同時也見到台灣島最東端的三貂角燈塔。

近衛師團上陸地之碑。

澳底海水浴場。

大里
おおさと

列車自澳底（福隆）站出發後，接著要進入草嶺隧道。這是全台灣最長的隧道，在興建宜蘭線時，也是最困難的工程。宜蘭線於一九二四年（大正十三年）十一月卅日全通，最後一個通車的區間，就是頂雙溪（雙溪）到大里之間。

草嶺隧道在一九二一年（大正十年）十二月起工，耗費三年歲月，在一九二四年（大正十三年）十月竣工。一九八〇年新隧道完成，舊隧道就此廢氣，直到二〇〇八年八月十日因為開闢自行車道而重修。在福隆端洞口附近，有一座此工程技師吉次茂七郎的紀念碑。

隧道北口有「制天險」雋刻題字，南口則為「白雲飛處」。前者由當時的鐵道部長新元鹿之助，後者是台灣總督府總務長官賀來佐賀太郎所題字。

海上見到的龜山島，大約有五百位居民，從事著漁業。戰後，以軍事的理由，將這些居民遷移後已成為無人島。

戳章所繪是誇大的海浪，而龜山島正浮在海面上，波濤洶湧的海面與悠然海島有強烈對比。圖案前方畫的「千疊敷」，是台灣八景之一。

龜山島。

千疊敷。

礁溪
しょうけい

位在蘭陽平原的北端，礁溪因為溫泉鄉而繁榮。車站前總有許多人力車與出租車。青色的大海與平原沃野，可以在小山丘上眺望。海面上漂浮的龜山島，帶給單調的海平面更多韻味。由車站出發五公里的距離，可以到五峰旗山與瀑布，正好可以在泡湯後散步前往。

本站於一九一九年（大正八年）十一月十五日開設，當時是路線終點，隔年四月，礁溪到頭圍（今頭城）間才通車。

昭和八年的戳章，正面眺望著海面上龜山島的姿態，前方則是溫泉，熱氣的高度表達了溫泉的豐富。右側的圖案，是車站西邊的老楓林，此外也見到月台上種植的萩。

昭和十三年的戳章，相當獨特以峰葉輪廓為外框，並畫出當時稱為礁溪富士的鴻子山。山坡上描繪的是通往坪林的道路。

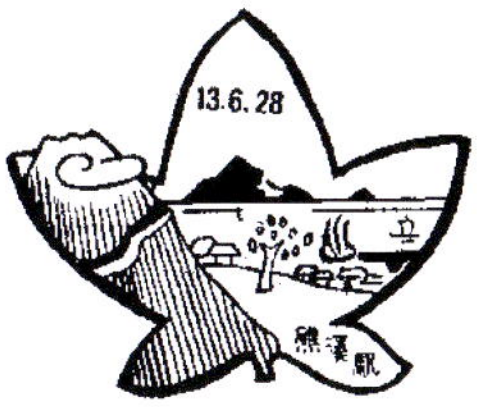

礁溪温泉公共浴場。

礁溪鳥瞰図。

宜蘭
ぎらん

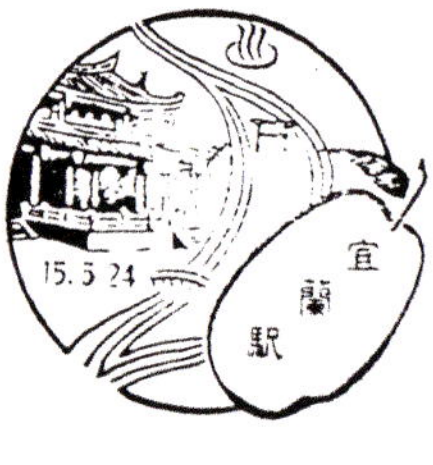

宜蘭是蘭陽平原的中心。市街所在地是由流經宜蘭的河所形成的沖積平原。車站於一九一九年（大正八年）三月廿四日設立，當時宜蘭與蘇澳間通車，半年後再延伸至礁溪。宜蘭站的站場，從開通以來就相當廣大，但直到終戰為止，貨物進出量都還是以羅東較多。

進入昭和時代，宜蘭的產業才開始開發，成為一個工業都市，但很快地便進入戰時。水泥與紙業特別受到注意。此外，一九四〇年（昭和十五年）十月廿八日，宜蘭與花蓮港在同一天升格為「市」。

昭和七年的戳章，畫出了一九一九年（大正八年）十月十七日遷座的宜蘭神社，以及現在已枯竭，位在員山的宜蘭溫泉。兩者皆位在離宜蘭市區有點遠的郊外。圖案前方是蘭陽溪，右邊畫的是昭應宮。

昭和十五年時的戳章裡，右邊是孔廟，蘭陽溪在中央。上游的位置可以見到宜蘭神社的鳥居，這裡也畫出了員山的溫泉。宜蘭驛的字樣寫在特產金柑上面，很有意思。

⬆ 宜蘭神社。

⬆ 宜蘭街舍。

⬇ 羅東的街道。

羅東
らとう

羅東是羅東郡役所的所在地，位在宜蘭與蘇澳的中間。此地是蘭陽溪上游所產木材的集散地，僅次於宜蘭而在台灣東北部排名第二，但其活力卻是凌駕於宜蘭之上。

這裡是太平山的玄關。山林間砍伐的木材，是由殖產局營林所經營的森林鐵道載運，並在羅東進行加工。太平山是在阿里山和八仙山之後開發的林場，出產海拔一千米以上的原生林。森林鐵道全長三六・八公里，運行時間約三小時。

太平山的採伐始於一九一七年（大正六年）三月，大約是阿里山進入植林期的時間點，因而受到非常大的期待。擁有比阿里山與八仙山更大的面積，太平山以戰後台灣最大林場而馳名。

此外，在索道設施完成之後，一九三七年（昭和十二年）太平山林場遷移到現在的位置，因而有舊太平山與新太平山的分別。一九四二年（昭和十七年）九月開始，森林採伐事業全部交由台灣拓殖會社管理。

昭和九年的戳章，描繪的是太平山的森林鐵道，小火車載運巨大的原木，而車站名稱就寫在蒸汽火車冒出的濃煙之中。背景所見的山峰，代表的是比太平山更深遠的次高山脈（雪山山脈）。

貯木池。

蘇澳
すおう

一八九七年（明治卅年）開港的蘇澳，是東海岸首屈一指的漁業都市，宜蘭線的終點站。蘇澳站於一九一九年（大正八年）三月廿三日設立。宜蘭線是由八堵與蘇澳兩端開始鋪設，而八堵瑞芳間的路線，是與蘇澳站開設同年的五月五日通車。蘇澳是宜蘭線最初所設立的車站之一。

市區位在車站附近，而漁港則是位在南方澳。許多在南方澳從事漁業的住民來自沖繩。此外，蘇澳的冷泉也是眾所皆知，並有一間飲料工場，製造汽水而相當知名。

由於是宜蘭線的終點站，蘇澳也是轉乘往花蓮港的轉運站。旅客在本站下車後，搭乘每天唯一的船班。此外，蘇澳與花蓮港間，在一九三一年（昭和六年）創立東海自動車運輸株式會社，開始巴士的運行，一天有兩個往返班次。

昭和七年的戳章中，港口立起旗幟祝賀豐收，一旁是才剛上岸的大旗魚。右邊的絕壁上，可以見到臨海道路鑿出路徑前進，在這條道路上也畫了一輛巴士。這個斷崖又名「ギルマルド斷崖」（GIRUMARUDC斷崖），以採掘雲母和板岩而知名。

蘇澳漁港。

蘇澳港。

鐵道趣味簡介

文／攝影 鄧志忠

鐵道舊線跡踏查

鐵道樂趣何在？有人拍火車、有人蒐集車票、有人研究時刻表、有人玩火車模型…，在鐵道研究的領域中，還有一小群鐵道愛好者，樂於尋找老地圖上消失的鐵道，推理這些鐵道過去行經的路線、消失的原因，以及目前存在的遺跡。這種有如福爾摩斯追查線索的懸疑與成就感，總讓喜愛這個領域的鐵道迷樂此不疲！

十九世紀英國工業革命後，火車與鐵道運輸開始在人類文明史中扮演重要的角色，隨著地區產業及人口的發展，鐵道路線的修築也越來越蓬勃；然而鐵道帶動了文明與發展，都市化卻讓許多鐵道消失。隨著世事的興衰更替，某些鐵路因其價值不再或某種因素拆除、改線，留下了鐵道的歷史軌跡。

所謂「鐵道舊線跡」就是鐵道拆除後所遺留下的痕跡，研究的範為可能包含了路線本身、周邊建築和遺留下的車輛。除此之外，計畫修建而尚未完工，或已動工最後卻因故未能通車的「未成線」，也算是一種鐵道舊線跡。

在台灣，喜歡「鐵道舊跡探查」的鐵道愛好者並不多，但在日本的鐵道研究或鐵道迷趣味圈裡，這類的研究風氣卻是相當盛行，甚至還可以在市面上找到許多專門的書籍。

如何執行鐵道舊跡踏查？

鐵道舊跡踏查是結合了人文歷史與土木工程的研究。當我們開始從事一條舊線的調查時，往往發現這條路線探查的難易程度，與路線存在時間的遠近有相當大的關係，也就是說，路線存在時間越久遠，所留下的遺跡相對較少；拆除的時間越近，鐵道遺跡的完整性便越佳。這種時間上邏輯認知，是我們著手調查舊線跡前所必須瞭解的。

開始調查之前，建議先行了解這條鐵道的歷史，找尋這條鐵路的相關史料，也就是研究方法論中的文獻分析法。藉由史料，可從中了解這條線的建造年代、工法、路線起迄點、興建目的、沿線有哪些站場或設施、經過哪些橋樑、隧道等，這些都是拼湊遺跡線索的目標索引。

至於上述資料的取得，可至相關單位或圖書館，查詢地方文獻、地方史或官方出版物(如總督府年報、交通部年報、台鐵、糖鐵、林務局各項報告)、政府公報、行政公文等文字記錄，也可以使用政府官方所設置的「檔案資源整合查詢平台」（Archives Cross boundaries，簡稱ACROSS）查詢，使其先有整體的「時間」概念；其次，可從舊地圖、官方公佈的空照圖獲得路線資料，營造舊線踏查的「空間」概念。根據筆者多年的經驗，最好是以早期地圖為主，如台灣堡圖集、遠流出版的「日治時期兩萬五千分之一地圖集」、日治時期兩萬分之一地圖集，民國五十年代經濟部或農委會的地形圖、六十～七十年代聯勤地形圖、航照圖比對實際的地形地物，現代地圖則可使用上河出版的台灣地理人文全覽圖（南、北島）及戶外生活出版社的地圖集。值得一提的是，戶外生活出版的九十七年版地圖中，標註許多糖業鐵路舊跡，對探查者而言有重要的參考價值。

近年來網路資訊發達與GPS衛星定位系統相當普及，可藉由類似Google Earth等網路地圖、衛星圖，套疊上各時期的電子地圖，即能輕易比對出現今之差異。若

所謂「鐵道舊線跡」就是鐵道拆除後所遺留下的痕跡，可能包含了路線本身和周邊建築，甚至與該鐵道有關的建築與事物、遺留下車輛。圖為糖鐵旗尾線遺跡。

許多鐵道路線停用後常常改成公路使用，以柏油或水泥直接覆蓋。圖為基隆臨港線遺跡。

旗山火車站是旗山鎮內重要的光觀景點，只是現在已經嗅不出任何有關火車與鐵道的氛圍。

車站站房、月台、倉庫、水塔等等是鐵道舊跡重要的遺留物，早年車站站房未拆除而保留下來的，常常成為社區營造的重點。圖為羅東林鐵天送埤站

路線年代可以由建造的材質、形式與施工法來判斷、考察的依據，這也是舊線跡踏查的最大樂趣。

糖業鐵路曾經兼辦過客運業務，因此部分路線都會設置車站與候車月台，是早年嘉南平原上鄉村重要的交通工具。圖為烏樹林糖廠東山線下寮仔站

踏查時請留意鐵路旁的號誌、標誌（鳴笛標、里程標…），這些都是重要的鐵道線索。

於出發前使用GPS定位欲探尋的目的地，有機會讓鐵道舊線踏查的過程更順利。

在實地探訪的過程中，也請不妨放開心胸試著和當地居民聊聊，透過該地長者的口述，可能從一般民眾的角度來瞭解路線狀況、歷史，甚至聽到書本沒有記載的鄉村趣談。

舊線跡踏查的重要線索

路基與邊坡

路基的構成，包括路堤、邊坡、地塹等，在路線拆除後都可能會留下。台灣中南部的糖鐵鐵道，即常留下水泥洋灰枕木，是判斷路線經過的重要資訊。此外，台鐵早年多會在客運路線旁種植變葉木，這對考察改線路段很有幫助。如果鐵道路線已經改建為公路，常常可以發現舊鐵道改建的公路與四周的馬路並非平行的，而且轉彎的彎度會有一定的曲度，不會發生急彎或直角的路段，這些重要的蛛絲馬跡絕對不能錯過。

橋樑或涵洞

河道上的鐵路橋樑遺跡，常包

早年南台灣的糖業鐵路相當複雜、路線也頗多，停駛後大多廢棄但沒有拆除，目前許多鐵路遺跡仍可以找到。圖為屏東糖廠內遺留的內燃機車庫及柴油火車頭。

台鐵的隧道遺跡較為豐富，許多舊隧道現在都改為觀光鐵道遺跡，歷史文字資料也較為多。

台灣的河道常常改變，因此鐵道橋墩位置時常會在田野中出現，而從橋墩上的建材也可以推斷出修建的年代。圖為舊八掌溪橋。

含兩岸的路線引道、橋台翼牆、橋墩等三大部分。由於鐵路橋樑或涵洞多半使用堅固的建材，所以是最常被發現的遺跡，有時還會發現完整的鐵路橋。另外，有許多鐵道改建成公路後，仍沿用當年鐵道橋樑或涵洞的硬體設備，這在許多由糖鐵路線改建的鄉間小道最常見。在考查橋樑與涵洞的同時，可以由建造的材質、形式與施工法來判斷路線年代，成為有力的線索證據。

隧道

找尋隧道遺跡通常相當有挑戰性，畢竟這些隧道多地處偏遠山區或其他不易到達的地方。台鐵的隧道遺跡較豐富，許多舊隧道已改為觀光鐵道遺跡，歷史資料也較多。至於糖鐵目前僅知三處，森鐵的舊隧道則是最具挑戰性的高難度踏查工程。

站場及其附屬設施

車站站房、月台、倉庫、水塔等等，都是鐵道舊跡重要的遺留物；在糖業鐵道方面，除了車站站房，還有裝蔗場遺跡，都是相當重要的線索。

輕便鐵道常以涵洞穿越台鐵，如今有許多鐵道路線已成為排水溝；找找看！或許某個台鐵涵洞也許曾經就是鐵道路線。圖為南靖糖廠番仔寮線。

鐵路分歧處通常會設置信號站或旗站，功能不同於車站。

隱沒在深山森林中的林業鐵道，現今都位在人煙罕至之處，踏查的挑戰性與困難度是最高的，受制於環境因素，也很少有人全線踏破！圖為太平山林場大元山線

糖業鐵路曾經兼辦過客運業務，因此部分路線都會設置車站與候車月台，是早年嘉南平原上鄉村重要的交通工具。圖為烏樹林糖廠東山線下寮仔站

舊線跡的三大類型

火車停駛或不再使用的路線

整條鐵路大致存在，週邊設施也完好，這種路線的踏查功夫是再簡單不過的，目前許多的私家工廠專用線、中南部糖業鐵道以及森林鐵路的林場線都屬此類。

鐵軌拆掉的路線

也就是只剩路基、隧道、橋墩、橋台，甚至一個站房與月台、鐵道週邊設施的路線。這種路線在舊線跡裏頭佔大多數，屬於中級的探勘路線，探勘者必須有相當的鐵路背景知識，如路線的選線、可能接受的坡度、曲度，甚至還需要一點想像力。但若是配合空照圖或地形圖來判斷會比較容易一些，可收事半功倍之效。

完全不留痕跡的路線

通常越都市化的地方越容易發生這樣的情形。由於鐵路線建造與拆除的年代相當久遠了，只能憑想像力來描述這種滄海桑田的改變，而調查的結果也僅能了解某條路線的大致位置與走向，例

七股鹽場的鹽鐵機關車庫，可是台灣整個鹽鐵遺跡中最大也是最完整的，該車庫建於民國 44 年，上頭還留有名書法家朱玖瑩題字—「機車庫」。

用於蒸汽火車頭調頭的轉車盤，出現在具規模的大站站場裡，是珍貴又少見的鐵道文化紀念物。圖為天送埤舊站旁的轉車盤。

鐵路拆除後，還是可以在河流、渠道上找到當年的鐵道橋墩遺跡。圖為七股鹽場鐵道跨越漚汪大排的橋樑遺跡。

如台北市區內的鐵路與早年糖業鐵路常用的手押台車線等。

坐而言不如起而行，了解舊線跡踏查的相關知識與實踐方法後，不妨一起來尋找老地圖上的舊鐵道，挑戰偵探級的鐵道私房樂趣！

名片式車票

文／圖 蘇棨豪

宜蘭線名片式車票巡禮

逝去的繁華・通勤之腳步・現在進行式——

侯硐、牡丹、大溪三站乃近年來宜蘭線上維持販售名片式車票之車站，三站的票藏分別呈現了大站與小站、過去與現代等不同的面貌。然而，為因應改名（侯硐更名為猴硐）及營運上的問題，侯硐已於二〇一四年三月結束名片式車票的販售，次月四腳亭則重新開櫃販售復電票，維持十多年的售票電腦化也許將面臨更多的改變。

侯硐早期因礦業鼎盛，並身為平溪線轉乘站之一，往來旅客不少，各級列車多有停靠，所以有許多對號車票，不乏中、長程之區間。這些對號車票在礦業沒落、旅客量驟降後便乏人問津，彷彿和選煤廠一同凍結在一九八〇年代，直到集票風氣漸興。侯硐站的名片式車票曾以其完整且豐富的「紅復興」票庫存聞名，同時也是二〇〇一年後全台唯一常態販售紅綠復興特快、自強號硬票、莒光軍優票的車站；另外亦留有多款具剪斷線的票面，甚至列小數點票價的莒光號老車票，許多票迷旅行時會購用這些對號車票，搭車與收藏兼顧。站內也留存許多普快、復電車票，整體反映著過去中大型車站的存票模式。

牡丹站則是地區通勤為主的車站，因此站內藏票皆為普快及復電，請領區間也對應著宜蘭線通勤列車的營運模式而分布於蘇澳＝新竹間，以及平溪線。即使普通車早已消失在宜蘭線上多年，牡丹和侯硐站販售的普快票都令人想起那段開窗享受山景、河谷、海風的歲月。牡丹的舊票至今所剩不多，僅有到新竹的普快去回票仍印有剪斷線，但也可收藏一些到暖暖、石城、外澳等站的車票，加價搭乘，悠遊小站之間。重新開櫃的四腳亭站，其車票庫存類似牡丹站，但僅有復電票，由於請領後不久即實施電腦售票而停售名片式車票，在開櫃前有不少到站的票，僅賣出過數張而已。

大溪站同為通勤站，但不同於上述車站，乃未經售票電腦化而持續販售名片式車票的車站，仍維持著過去的售票程序，請領的新票也隨著台鐵營運策略而改變。歷經普快停駛而停售普快車票、電車改名為區間車，至今大溪站販售的車票已幾乎全數更新為「區間」票，展現著與時俱進的特殊風貌。

已成為過去的侯硐站名片式車票售票情景。

⬆ 大溪站至今仍維持未電腦化前的售票模式。

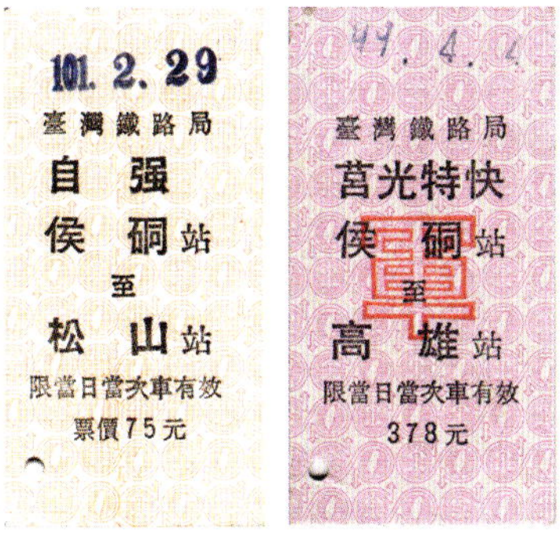

⬆ 2001年後侯硐為全台唯一常態販售自強票、軍優票之車站。

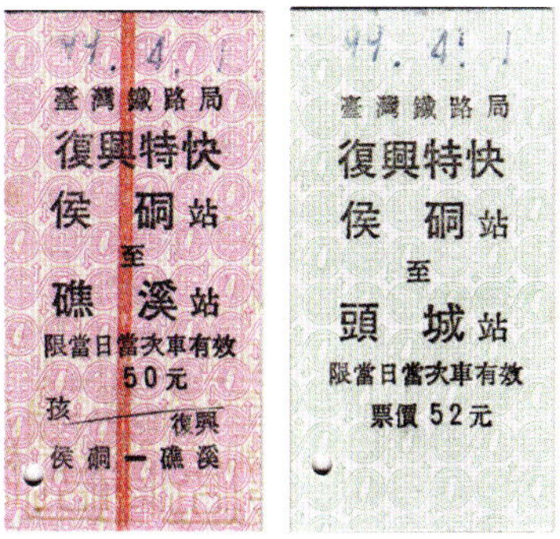

⬆ 曾為侯硐車站「名產」的紅、綠復興特快票。

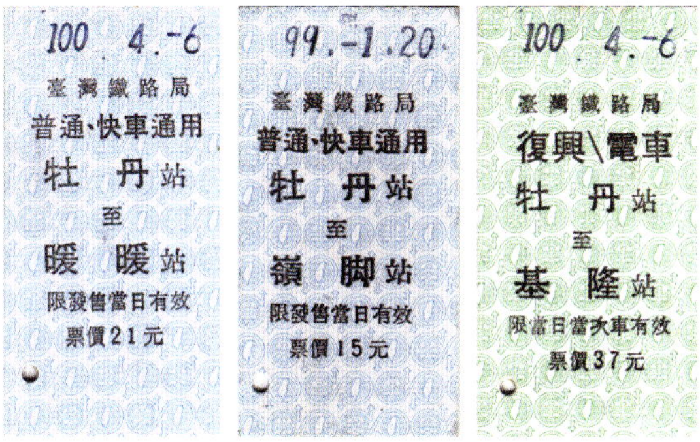

⬆ 牡丹站票存以普快及復電票為主。

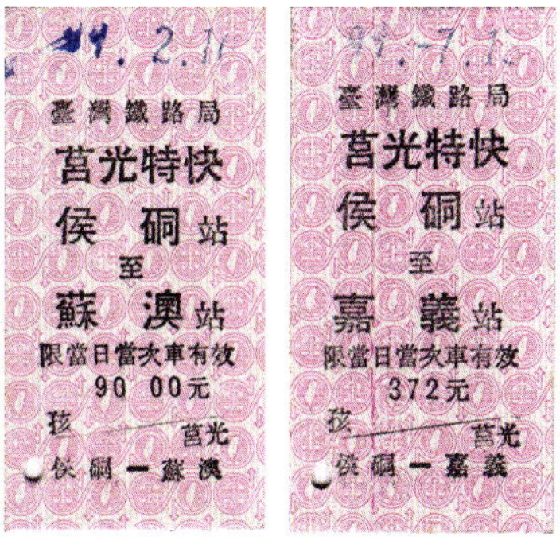

⬆ 侯硐站的莒光特快老票，侯硐＝蘇澳乃全台最後一款常態販售之小數點對號車票。

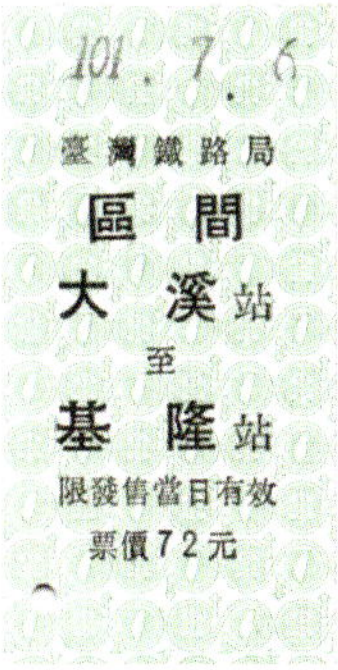

⬆ 大溪站的硬票販售至今已幾乎全數改版為區間車票。

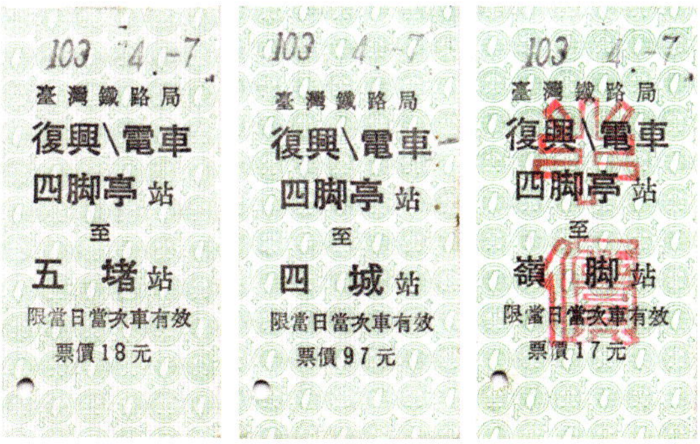

⬆ 四腳亭重新開櫃後所販售之復電票。

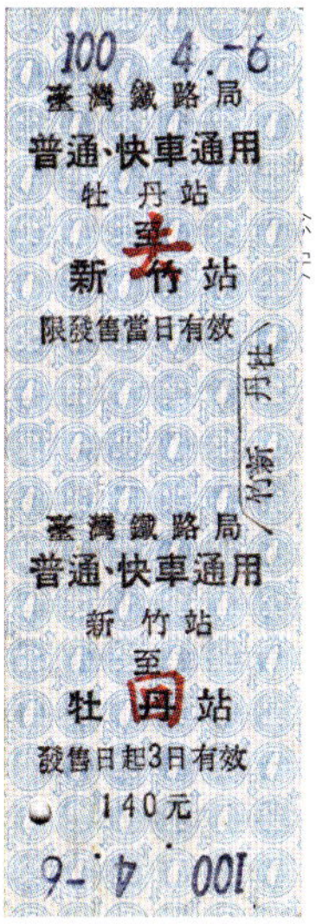

➡ 牡丹＝新竹去回為該站僅存尚印有剪斷線之老票。

鐵道避難所

◀ 5.09公里(KM)　4.55公里(KM) ▶

文／圖　古庭維

牡丹坡

宜蘭線鐵路八堵到蘇澳僅九十三．五公里，卻先後越過阿里山和雪山山脈。鐵道由基隆河谷出發，進入雙溪川的縱谷，再到宜蘭海岸，最後是蘭陽平原，地貌多變，景觀精采。不過，三貂嶺隧道與雙溪站之間的陡坡，就成了歷史的運轉難題。

一九二四年通車時，宜蘭線的規格與支線相仿，尤其在多山的北部段，有許多彎道和連續隧道，曲度和坡度更挑戰駕駛的功力。自一九七〇年代後期以來，伴隨著北迴線的興建和東線拓寬，身為東部幹線前段的宜蘭線，也歷經長時間的改善工程，成為目前雙線電氣化的樣貌，早年不利運轉的路段皆已截彎取直，因而留下非常多廢棄隧道。

即便經過改善，位在牡丹站前後的長坡道，時至今日還是一段瓶頸點，被鐵道迷稱為「牡丹坡」。其實這段路線的上坡起點，遠在貢寮站，海拔約一一．五公尺，要一路爬到海拔一一一．五公尺的三貂嶺隧道北口。以總長約一〇．九公里的路線，爬升一百公尺並不算太陡；但最陡

派駐雙溪站內擔任補機值日生的電力機車。
攝影／甯世強

牡丹坡經過多次路線修改，留下一些遺跡。
攝影／古庭維

牡丹與雙溪間彎道多、坡度大。 攝影／古庭維

傾斜式電聯車在牡丹坡勝任愉快。 攝影／古庭維

南下貨物列車輕鬆愉快在牡丹坡轉彎通過。 攝影／古庭維

補機工作不論晴雨晝夜進行。 攝影／甯世強

的部份集中在雙溪與三貂嶺隧道南口之間，長達連續三・五公里，平均將近千分之十七的坡度，但為了爬坡，路線呈連續S形，更加深了運轉的難度。

以牡丹坡的坡度而言，目前貨物列車最常使用的電力機車，若超過六百噸就必須加掛補機。東部幹線貨物列車班次多，且北上列車幾乎都是載貨的重車，因此固定安排在雙溪站停車，掛上補助機車。當列車運行至三貂嶺或猴硐站，會視路線狀況安排補機折返回雙溪站。而補機的工作，則是每天從七堵派出一輛值日生到雙溪執勤。

特殊的運轉模式，成為宜蘭線著名的貨物列車風情，吸引許多同好前來觀賞。但是，加掛補機與否，是依照坡度和列車重量及牽引力量決定，所以在特殊情況下，旅客列車也會加掛補機。特別是天氣不佳，軌道溼滑時造成動輪空轉，旅客列車退回雙溪站掛上補機也時有所聞。下次經過牡丹坡，不論是目睹貨物列車掛補機，或本身就搭乘著爬不上去的客車，別忘了多多欣賞這段環島鐵路的歷史難題。

北上水泥車在雙溪站停車加掛補機，
太魯閣號一下子就超越過去。
攝影／古庭維

鐵道問答集

5.00公里(KM) 4.55公里(KM)

文／圖　台大火車社

宜蘭線問答集 Q&A

Q1 東北角一帶除了草嶺古道和舊隧道外，還有哪些車站附近適合健行或是騎單車呢？

A 東北角因山多平地少，鐵路沿線皆有不少登山步道，且大多數皆可搭乘大眾交通工具到達，十分便利。從八堵算起，有好幾條著名的郊山步道，例如從暖暖站下車轉乘公車至暖東峽谷，沿著東勢坑溪往上便來到十分古道；越嶺走到十分火車站，在最高點處有條岔路通往五分山氣象站，該條步道位於稜線上，展望視野相當地遼闊，如您體力或是時間允許，不妨走到稜線上看看風景。

一般旅客對猴硐的印象不外乎是貓街或是煤礦，而車站附近的猴硐國小其實也有大粗坑、小粗坑、柴寮等古道供遊客健行。特別的是前兩條步道皆可通往九份老街，爬完山再享用一碗冰涼的九份芋圓，是不是很誘人呢？惟此二條步道遮蔭較少，且坡度較陡，盛夏時節前往可能會過於炎熱。

三貂嶺站雖然地處偏僻，但卻深受登山客喜愛；過了涵洞後便有岔路可前往三貂嶺瀑布群，自其頂端繼續走，尚可走到大華車站或猴硐車站，惟此步道有幾處必須拉繩、近乎垂直陡爬，往大華的步道也常因地面濕滑而容易滑倒，行走時須特別注意。

草嶺古道本就頗有名氣，從最高點的涼亭繼續往上爬便可抵達桃源谷。遊客不多且有十分空曠的草原，彷彿給人遺世而獨立之感，躺在草皮上吹風更是一大享受。唯一缺點是路程較長且陡，建議要前往桃源谷的遊客，可從大里車站往上爬，再從大溪車站下山即可。

如果想要騎單車，除了利用福隆的自行車道，雙溪車站旁也可租腳踏車遊覽雙溪自行車道，與福隆自行車道最大差別便是少了許多遊客，多了幾分清幽，不必人擠人。此外羅東和冬山火車站前也有自行車出租店，可沿著冬山河前往親水公園，或到羅東運動公園繞一圈都是不錯的選擇。不過這裡單車族的路線大多與馬路重疊，必須小心其他飛馳而過的汽、機車輛。

猴硐柴寮古道中途的景色。

三貂嶺瀑布群是三貂嶺附近最知名的景點。

EMU700型區間車，跨越最後一次基隆河，即將彎入三貂嶺隧道。

Q2 宜蘭線鐵路沿途有什麼景觀特色？是不是彎道特別多呢？

A 宜蘭線鐵路大致可以貢寮站為分界：貢寮以北鐵路沿基隆河畔所建，隧道及橋梁較多，如八堵至三貂嶺段的鐵路，光是這一段路程就有五座跨越基隆河的橋樑及八座隧道；為了順應蜿蜒的基隆河，彎道自然也比其他幾條主線多，非傾斜式列車只能以較低的時速行駛，就連傾斜式列車也很少超過九十公里。貢寮以南的列車行駛區間較靠近太平洋，除少數路段有隧道外，大多距離濱海公路和台九線不遠，路線也不像前段如此彎曲。其中石城到外澳這段鐵路整段都能看見大海，且可以清楚地望見龜山島。鐵路通過外澳後來到蘭陽平原，稻田和農家風光隨處可見，宜蘭＝二結和冬山＝新馬皆為高架路線，同時可見到位於東側的北宜高速公路，最後一直到蘇澳後才又回到山中，接續北迴線。

石城到大里間鐵路與大海僅有一線之隔。

Q3 宜蘭線鐵路有仍在發售名片式車票的車站嗎？

A 有。過去宜蘭線還在發售名片式車票的車站，最著名的當屬位於「貓村」的侯（猴）硐站，可惜因為車站更名為「猴硐」的緣故，已經停止販售。另外宜蘭線上的牡丹站和大溪站，連同二〇一四年四月份將留存的名片式車票拿出來販售的四腳亭站，總共有三座車站還在發售名片式車票，其數目是台鐵所有路線中最多的。

這三座車站中，以大溪站最為特殊。台鐵曾經計畫把大溪站降為招呼站，但由於當地居民的反對而作罷，因此大溪站一直沒有實施電腦連線售票，也不提供訂票取票的服務。大溪站外就是衝浪勝地蜜月灣，過去還曾有莒光號和復興號停靠，不過目前只有區間車可抵達。

牡丹站以前是一座折返式車站，然而在宜蘭線雙軌化之後，折返式的水平站場失去其功能而停用，目前已經變成社區的籃球場。現在的牡丹站位於彎道上，兩座弧形的月台倒也相當特別。牡丹站和四腳亭站的名片式車票都是賣完為止，想收集的話要盡快。牡丹站於周一到周五（不含國定假日）上午七點至下午一點半左右販售，而四腳亭站則只有每周一上午九點到下午四點發售名片式車票。在出發之前最好先安排行程，免得大老遠搭區間車來卻撲了個空。

Q4 搭乘宜蘭線列車，行經瑞芳以南的龍潭隧道時，細心的旅客會發現鐵路隧道旁另有一座平行的隧道，請問這是什麼隧道呢？

A 原來，這座隧道並不是為了馬路專程挖的，而是舊宜蘭線鐵路的遺跡。建於日本時代的宜蘭線只有單線，而且在山谷中彎彎曲曲，路線標準相當差。一九七〇年代北迴線通車後，宜蘭線由類似支線的地位，一舉躍升為東部幹線的一段，單線容量不足以支應前往花東的龐大運量，於是在一九八〇年開始雙軌化並路線改善工程。一般路段只消拓寬路基，但遇到隧道，因為只有單線淨空，只得另行設法。少部分案例是在一旁開挖一座單線隧道，形成雙孔隧道。如瑞芳附近的深澳隧道，因為新舊路基有一段不小的高低差而被稱為高低隧道。多數案例則是重新挖一座雙線淨空的新隧道，廢棄舊隧道。新線為改善曲率，多往山側挖得更深，因此有些案例是新線上的一個隧道對應到舊線上的多個隧道。

不只瑞芳一站，抵達蘭陽平原前，眾多穿山的路段都有著新舊隧道相伴的相似景觀。如猴硐北的福住隧道，對應到舊線上就是員山隧道群，又稱三連隧道。這一段目前已被整建為鐵馬道，為防落石還架上了鐵絲護網，遊客騎車經過時，若往上探照，常可見成群蝙蝠倒掛在鐵絲護網上休息。較長的例子則有宜蘭線的兩大瓶頸：三貂嶺段和草嶺段。對應草嶺隧道的舊草嶺隧道已被整建為鐵馬道，且短短數年即成為著名觀光景點。隧道南北兩口仍留有當年日本長官題的「制天險」、「白雲飛處」匾額，紀念其開闢不易。至於三貂嶺隧道則對應到舊線上的三爪子隧道、三貂嶺隧道。北方的三爪子較短，南方的三貂嶺較長，二者間的鐵道橫跨無名山溪，短暫見天後重新鑽入黑暗中，再穿出時已從基隆河流域抵達雙溪流域；新線則將兩個隧道併為一個長隧道。

⬆ 腹地狹窄的三貂嶺站。

Q5 環島鐵路網眾多客運站中，唯一無法開車抵達的是哪一站呢？

A 三貂嶺站。位於瑞芳區碩仁里，面臨基隆河峽谷，背靠烏塗窟山，聚落雖位於河道轉彎的平地上，車站卻處在山河間的夾縫中。唯一一條聯外道路就在鐵軌和荒廢的街屋之間，是條連機車通行都有困難的小路，若要和外界聯絡，還必須借道鐵路橋，過橋後轉個將近一百八十度的大彎，才能接上通往猴硐的猴三公路。

平溪線在這裡和宜蘭線分岔，早年是重要煤礦轉運節點，曾為二等站，目前降為三等，仍有人駐守，除此之外，算是個相當僻靜的站，只有少數登山客和當地居民在此進出。第二月台就貼在山壁上，長年有泉水流經，青苔蔓生，可能是台鐵最窄的月台。另外通往二月台並無天橋或地下道，在北部也屬罕見。

⬆ 瑞方站外已被改為公路使用的舊第一瑞芳隧道。

羅東林鐵保存完整的天送埤車站。

Q6 繞行東北角的宜蘭線鐵路附近有親山步道、海景怡人，那麼在蘭陽平原一帶是否也有推薦的旅遊景點？

A 蘭陽平原上除了為人熟知的博物館、遊憩景點外，各鐵路車站鄰近周遭，仍有許多鮮為人知的秘境景點。搭火車來到礁溪後，除了必備的泡溫泉行程外，也推薦可以眺望蘭陽平原，且清涼消暑的山林瀑布健行。五峰旗瀑布及猴洞坑瀑布皆為上選，且能在礁溪車站前轉乘公車抵達。位於羅東站南方高架的冬山車站，瓜棚架的設計，正是著名的鐵道攝影景點；也可順著高架橋下舊鐵道自行車道，接上冬山河畔自行車道，來趟悠哉的腳踏車旅遊。

除此之外，在羅東車站西北方的一大片池塘，正是太平山林場貯木池，當年是用來放置太平山運送下來的原木，現在則規畫為羅東林業園區。園區內陳列各式各樣林業遺跡，以及從前的林業小火車與竹林車站。羅東森林鐵路雖然有些站場已拆除乾淨，但仍可由周遭的路基看出一些端倪，近年內更有復駛的傳言！若遊客或是鐵道迷對森林鐵路的歷史沿革有興趣，也可以來趟羅東林鐵的舊線跡踏查！

Q7 日治時期至中華民國時期初期的大型港口，如：花蓮、基隆、高雄……等，均有鋪設臨港線鐵路，同樣緊鄰著大型港口的蘇澳車站，是否也有臨港線呢？

A 蘇澳車站在北迴線通車前，是宜蘭線地位最為重要的車站——南下的旅客需要在此站轉乘公路客運或海運才能繼續前往花蓮、台東等地，因此蘇澳站成了連通東、西部的重要門戶。當然，為了蘇澳港貨運運輸上的便利性，蘇澳站也曾經有過臨港線鐵路的存在；可惜的是，由於蘇澳港營運狀況並不理想，因此貨物列車也鮮少進入蘇澳港區，使得蘇澳臨港線利用率不高，最終走上廢線的命運。

↑ 蘇澳港碼頭上殘存的鐵軌遺跡。攝影／黃彥尊

Q8 為什麼蘇澳車站身為一等站，每天停靠的對號列車卻那麼少？

A 雖然蘇澳站作為宜蘭線的終點，卻不是北迴線的起點。北迴線的起點在距離蘇澳站僅僅三．四公里的蘇澳新站。台北往返花蓮、台東的各級列車均經由蘇澳新站行駛，不會繞駛蘇澳站。所以，北迴線的通車使得蘇澳站的重要性大幅降低，也直接降低了對號列車停靠於蘇澳站的必要性。現在除了少數幾班對號車由蘇澳往返高雄外，罕有對號列車會再進入或停靠蘇澳站了。也因為業務量差距極大，從二〇一四年七月中開始，蘇澳站被降為二等站，而蘇澳新站終於扶正成為一等站。

已降為二等站的蘇澳車站。 攝影／李春政

Q9 近年關於北宜直線鐵路的討論甚囂塵上，請問仍在規劃中的北宜直線鐵路的路線，曾經有過哪幾個方案呢？又為什麼這些方案會被否決掉？

A 因為北宜高速公路的運能已逐漸趨近於上限、且台鐵宜蘭線的鐵路線形不佳，因此提出了北宜直線鐵路的構想，而北宜直線鐵路有四個可能的方案。

最初的方案，路線與北宜高速公路非常類似，規劃以若干個長隧道穿越坪林、石碇山區。由於此方案需要經由新店溪青潭、基隆河、雙溪、翡翠水庫⋯等重要水質保護區，及新北市汐止區白雲里康誥坑崩塌地特定水土保持區等多處環境敏感區，對環境有重大不利影響；再者，此方案經過台北斷層等九處斷層處，對工程安全及環境影響的不確定性，在環評報告中未能確實評估說明；最後，此方案的宜蘭端附近尚有許多考古遺址，在環境評估報告中，均未對此深入評估，對於環境的影響無法及時因應。因此，基於上述理由，環境影響評估審查委員會在二〇〇六年五月做出「不宜開發」的決議，退回北宜直線鐵路的開發計畫。

由於宜蘭地方人士極力爭取，因此交通部同意重新規劃替代路線進行可行性評估。在二〇一一年八月時，鐵路工程改建局又另外提出了三個方案：方案一是在繞開翡翠水庫後，由南港直達頭城（總長三十七．三公里、南港至宜蘭最短行車時間三十三分鐘），是三個方案中，最容易轉移假日北宜高速公路車潮的一個方案；方案二則是為了減少對環境的衝擊及經費考量，因此規劃從南港至雙溪的長隧道、雙溪至大溪間截彎取直（總長四十九公里、南港至宜蘭最短行車時間三十九分鐘）；方案三是效益最低的——規劃由南港至雙溪間的舊有路線升級與改善、雙溪截彎取直至大溪（總長五十九．九公里、南港至宜蘭最短行車時間四十七分鐘）。最後在專家的綜合性的評估下，方案二以些微差距勝過方案一，獲選為定案版本。最後，交通部於二〇一一年十一月拍板定案採取方案二，並著手準備相關的環評資料。

Q10 眾所周知，平溪線最初是為了運送沿線煤礦而興建。那麼在宜蘭線上，是否也有車站的興起是因為發展礦業的緣故嗎？

A 事實上，比宜蘭線全線通車早了四年的時間，八堵＝猴硐已經通車，就是為了煤炭的運輸，四腳亭、瑞芳、猴硐在宜蘭線通車之前，僅能以船運或台車軌道運送煤炭。因為貓咪而成為新興觀光景點的「貓村」猴硐，正是一個完全因為煤礦而興起的聚落。從一九一八年，瑞芳的礦業龍頭顏雲年與日本人合資成立基隆炭鑛株式會社開始，到一九三四年由李建興的瑞三鑛業公司承包礦廠及設備，猴硐成為台灣規模最大的礦場之一。在巔峰時期，煤產量幾乎占全台灣的七分之一。

直到一九八四年，北台灣相繼在中午發生三起嚴重的礦災——土城海山礦災、九份煤山礦災、三峽海山礦災，使得政府開始加強礦業的管制，台灣礦業也逐漸走向末路。在猴硐車站附近，還遺留著瑞三鑛業公司的整煤場、機具、運煤橋、宿舍、澡堂⋯等豐富的礦業文化遺跡。沿著基隆河向三貂嶺站的方向慢慢走，也可以走到瑞三鑛業公司最大的煤礦坑——瑞三本坑，雖然坑道口已經被鐵柵欄封閉起來了，但是還是可以感覺到自坑道內吹出的涼風。礦坑外的小亭子，是當年為了礦坑內的安全，負責檢查礦工身上是否攜帶違禁品的檢查哨。

瑞三本鑛坑口。

車站全覽

文／圖　台大火車社

宜蘭線26站全覽

四腳亭站（三等站）
25°　6' 9.35"
121°　45' 42.90"
新北市瑞芳區吉慶里中央路 65 號

暖暖站（招呼站）
25°　6' 8.22"
121°　44' 25.99"
基隆市暖暖街 51 號

瑞芳站（一等站）
25°　6' 31.88"
121°　48' 22.94"
新北市瑞芳區龍潭里明燈路 3 段 82 號

三貂嶺站（三等站）
25°　3' 55.97"
121°　49' 20.96"
新北市瑞芳區碩仁里魚寮路 1 號

猴硐站（三等站）
25°　5' 13.06"
121°　49' 38.67"
新北市瑞芳區光復里柴寮路 70 號

貢寮站（甲種簡易站）
25°　1' 18.64"
121°　54' 32.09"
新北市貢寮區貢寮里朝陽街 33 號

雙溪站（二等站）
25°　2' 18.72"
121°　51' 59.54"
新北市雙溪區新基里朝陽街 1 號

牡丹站（簡易站）
25°　3' 31.13"
121°　51' 7.11"
新北市雙溪區牡丹路 159 號

石城站（招呼站）
24°　58' 42.37"
121°　56' 43.47"
宜蘭縣頭城鎮石城里濱海路 7 段 230 號

福隆站（三等站）
25°　0' 56.73"
121°　56' 41.59"
新北市貢寮區福隆里福隆街 2 號

龜山站（甲種簡易站）
24°　54' 17.43"
121°　52' 8.40"
宜蘭縣頭城鎮更新里濱海路 3 段 261 號

大溪站（簡易站）
24°　56' 18.47"
121°　53' 23.78"
宜蘭縣頭城鎮大溪里濱海路 5 段 63 號

大里站（甲種簡易站）
24°　58' 0.07"
121°　55' 20.96"
宜蘭縣頭城鎮大里里濱海路 6 段 326 號

頂埔站（招呼站）
24° 50' 38.05"
121° 48' 32.41"
宜蘭縣頭城鎮下埔里下埔路 4-8 號

頭城站（三等站）
24° 51' 32.00"
121° 49' 20.69"
宜蘭縣頭城鎮城北里纘祥路 59 號

外澳站（招呼站）
24° 53' 1.01"
121° 50' 44.35"
宜蘭縣頭城鎮外澳里濱海路 2 段 217 號

四城站（甲種簡易站）
24° 47' 12.11"
121° 45' 45.99"
宜蘭縣礁溪鄉吳沙村站前路 24 號

礁溪站（三等站）
24° 49' 36.91"
121° 46' 31.17"
宜蘭縣礁溪鄉德陽村溫泉路 1 號

宜蘭站（一等站）
24° 45' 16.22"
121° 45' 28.86"
宜蘭縣宜蘭市和睦里光復路 1 號

羅東站（二等站）
24° 40' 40.16"
121° 46' 29.22"
宜蘭縣羅東鎮大新里公正路 2 號

二結站（三等站）
24° 42' 19.28"
121° 46' 26.86"
宜蘭縣五結鄉三興村復興中路 37 號

中里站（招呼站）
24° 41' 39.46"
121° 46' 30.78"
宜蘭縣五結鄉台興路 10 號

蘇澳新站（一等站）
24° 36' 31.60"
121° 49' 38.93"
宜蘭縣蘇澳鎮中山路 2 段 238 號之 1

新馬站（招呼站）
24° 36' 55.68"
121° 49' 22.70"
宜蘭縣蘇澳鎮中山路 2 段 322 號

冬山站（二等站）
24° 38' 11.05"
121° 47' 31.94"
宜蘭縣冬山鄉冬山村中正路 1 號

蘇澳站（二等站）
24° 35' 42.54"
121° 51' 5.39"
宜蘭縣蘇澳鎮蘇南里太平路 1 號

圖：攝影／鄭帆評

作者	古庭維、李春政、蘇棨豪（半島）、鄧志忠、片倉佳史、 黃偉嘉、陳威旭、陳映彤、柯凱仁、籃一昌、 交通大學鐵道研究會、台大火車社
總策劃	古庭維
編輯顧問	傅新書
編輯	賴虹伶
特約美編	李淨東
行銷經理	叢榮成
執 行 長	呂學正
社長	郭重興
發行人兼出版總監	曾大福
出版者	遠足文化事業股份有限公司 地址：231 新北市新店區民權路 108-2 號 9 樓 電話：(02)2218-1417 傳真：(02)2218-8057
郵撥帳號	19504465
客服專線	0800-221-029
E-mail	service@ bookrep.com.tw
部落格	http://777walkers.blogspot.com/
網址	http://www.bookrep.com.tw
法律顧問	華洋法律事務所 蘇文生律師
印製	成陽印刷股份有限公司 電話：（02）2265-1491
定價	299 元
第一版第一刷	中華民國 103 年 10 月
ISBN	978-986-5787-61-5

線上讀者回函

國家圖書館出版品預行編目(CIP)資料

鐵道新旅：宜蘭線 / 古庭維等作. -- 第一版. --
新北市 : 遠足文化, 民103 .10
面； 公分
典藏版

ISBN 978-986-5787-61-5(（平裝）
1.火車旅行 2.台灣遊記 3.鐵路車站

733.6 103017385